JN241260

糸とあみもの

那須早苗

この糸で編みたい、
素材感を楽しむニット

文化出版局

　糸はできる限り実物を見て、気になる糸だけを買うことにしています。家に帰ったらラベルを外し、紙片に必要な情報を書き写して糸端に結び、編み始めます。

　部屋の中で、編む針の触れ合う音だけが響いている。素材の手触りと身の内にあるイメージが交錯する濃密な時間から、ふと顔を上げると、手には小さな編み地が生まれます。

　編み地は、スチームを入れたり水通ししたり、しばらく放っておいたりしながら、その表情を観察しています。時に小さな作品を編んで使ってみることも。素材の性質を作品に生かすために、経験を積み重ねなくてはわからないことがたくさんあります。糸とは、まっさらな気持ちで、謙虚に向き合い続けたい。私自身、いつも糸に試されているのを感じています。

　編み、それを身につける時間は長いです。その間、糸は多くの喜びを与えてくれます。一目一目編む糸の感触、編み地の質感。着ている時にふと視界に入る編み地の美しさにはっとしたり、包まれる喜びを感じたり。そんなひとときを何度も過ごしてきました。美しい糸は、人を幸せにする。たとえ糸に触れる束の間であっても、私はその実感を信じています。この本を通じて、素材がもたらす豊かな時間をお届けできますよう、願っています。

目 次

松かさベスト

すらりとして、静かな光沢がある。シンプルで編みやすく、表目と裏目だけの組合せでも陰影のある編み地を作ることができる。長年作り続けられてきたこの糸を、私はとても信頼しています。新しい技法を試す時、基本に立ち返る時。手が伸びる先にあるのは、いつもこの糸なのです。

糸　パピー・ブリティッシュエロイカ

→p.44、45

5

Swing rope セーター・帽子

コロンとした丸さを指に感じるこの糸は、内からの膨らみがすばらしい。彫刻のような編み地のテクスチャーは、水通ししてもへたれません。だからこそ、アラン模様はこの糸で編みたい。漁師の日常着であったフィッシャーマンセーターには、彼らの暮しの景色が重なっています。海水の揺らぎや泡を、糸でなぞってみました。

糸　アヴリル・ワッフル

→p.43（帽子）、47 - 50（セーター）

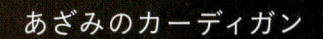

あざみのカーディガン

伝統あるアイルランド・ドニゴールツィード。糸の質感、撚り込まれたネップの色、どちらもこの土地ならではのものと感じます。糸が生まれた地に思いを馳せていたら——年月に晒された岩の隙間に小さな草花が風に揺れている、そんな緑の風景が浮かんできました。

糸　パピー・ソフトドネガル、ブリティッシュファイン

→p.58-60

カシミヤの指なしミトン

憧れのカシミヤでミトンを編みました。はめると、ふわふわと柔らかくて、暖かい。心に小さなあかりが灯ったように嬉しくなる。1玉のカシミヤがもたらす喜びを多くの手に感じていただけたらと思います。指先の作業がしやすい指なしタイプのミトン。しずくが伝わり落ちるような模様は、手のラインをきれいに見せてくれます。

糸　パピー・フォルトゥーナ

→p.46、47

カシミヤのシンプルミトン

カシミヤは育てる素材だと思う。使って洗う、を繰り返すうちに、何かが変わってきます。あれ、ふわっとしてきた？　編み地に厚みが出てきたような気がする……。その感覚をぜひ、体験してみてください。メリヤス編みだけのシンプルさが、使う人と共に育つ風合いを素直に伝えてくれると思います。

糸　パピー・フォルトゥーナ　　　　　→p.51

雪の日のカシミヤマフラー・
指なしミトン

冬の日、バスを待つ列に並んでいました。
雪が降り始め、目の前のチャコールグレー
の背中に、パラパラっとその結晶がこぼれ
落ちたのです。暗い背景に透明な結晶が白
く光っている。息をのむような美しさをカ
シミヤで編んでみました。柔らかな毛足が、
模様の印象をも和らげてくれるようです。
糸　パピー・フォルトゥーナ
→p.52、53

13

打ち寄せる波のセーター

海の前に立つと、水面からものすごいエネル
ギーを感じる。その力強さを太い糸に託して、
波をなぞったセーターを編んでみました。撚
りが甘い糸は風合いの変化も早いのですが、
前後身頃のパターンを同じにして、どちらを
前に着てもいいようにしました。白くて素朴
なこの糸を編んでいると、不思議なことに、
おいしい食パンをパクパク食べているような
心持ちがしてくるのです。
糸　アヴリル・ガウディ
→p.54、55

キキのカーディガン

この糸の繊維の自由な動き、モヘヤの生々しさに、ある女の子の姿が浮かびました。休日の朝。いつもよりゆっくりと起きて、髪に寝癖をつけたままキッチンに立っている。ぼんやりとした頭で、コーヒーでも淹れようかな、なんて思いながら。そんな女の子がはおっているもの——それは、ガーター編みの赤いカーディガン！ 魔女修行に明け暮れた小さな女の子、キキ。大人になった彼女たちへ贈る、軽やかなカーディガンです。

糸　パピー・ユリカモヘヤ

→p.56-58

ウールとアルパカの
アランカーディガン

この糸は、アルパカ独特のぬめりの
ある柔らかさもありつつ、芯を感じ
る。ナチュラルカラーのネップが編
み地にニュアンスを与え、緻密なア
ラン模様も柄がきれいに浮かび上が
ります。糸が細めなので仕上りが軽
く、さっとはおれる一枚になりまし
た。長く着続け、その経年変化も楽
しんでいただけたらと思います。

糸　ハマナカ・ソノモノツィード

→p.61-64

スワンショール

原毛の美しさを大切に作られたこの糸は、時々
枯草が混ざっていることもあります。「こんな
草を食べていました」という羊のお土産のよう
で心が和みます。どこか生々しい白は、素材そ
のものの色です。糸に対する丁寧な仕事に品格
すら漂っている。そのよさを生かして、クラシ
ックなショールを編みました。

糸　オステルヨートランド羊毛紡績・ヴィシュ
→p.67-69

スワンソックス

糸玉の佇まいが美しい。丁寧にくしけずられた繊維の光沢には、これがウールかと思わず目を見張るものがあります。ヴィシュに似たクラシックな雰囲気を生かして、ショールとおそろいの靴下を編みました。かかとのガーター編みやつま先の減し目を裏編みする等、古い靴下に見られる技法を取り入れています。

糸　DARUMA・スーパーウォッシュメリノ

→p.70、71

編込み模様のポットマット

多色の編込みをすると、どうしても糸が残ります。その中から好きな色を組み合わせて、ポットマットを作りました。シェットランドヤーンの豊富な色数から選ぶ悩ましさも楽しいひととき。お茶の時間があたたかなものになりますように、日々の風景（写真上から、瞬き、ハナウタ、雪華）をパターンにして編み込んでみました。

糸　Jamieson's Spinning (Shetland)・スピンドリフト
→p.72、73

シェットランドヤーンが教えてくれたこと

　学生のころから糸の持つ素材感に惹かれ、ざっくりした質感と奥行きのある色合いを持つシェットランドヤーンに憧れていました。その糸を扱う人を訪ねたのは、ある日の夕暮れ時のこと。刻々と移ろう光の中で、糸は静かに呼吸していました。糸は繊維を撚ったもの、だけではない。何か大きなものとつながっている。息することも忘れるような衝撃を今でも覚えています。

　後に、その糸が作られているイギリス・シェットランド諸島を旅しました。バターカップ（キンポウゲ）の黄色い花が風に揺れる初夏の一日。至る所で羊たちが草を食むのどかな景色の先に、あるニットデザイナーのアトリエを訪ねました。部屋にはたくさんの作品が飾られ、壁には試し編みがピンでとめられています。彼女は窓の傍らで「この風景が製作のインスピレーションになっているの」と話してくれました。青い空と草原、土の色——茶色やベージュ、緑をつなぐ様々な色は、棚の上に並んだ色糸そのものでした。その時に気づきました。糸は、土地から「生まれて」くるのだと。

　島の自然が柔らかで弾力のある羊の毛質を育み、人々は透明な眼差しで自然の色を糸に映し出ている。色糸の名からも、島の景色が生き生きと立ち上がってきます。この糸を編むたびに、シェットランドで出会った人々の思いに触れるようで、胸が熱くなるのです。

さんかくバッグ

お気に入りの一冊と手帳、ハンカチとお
財布くらいは入るかな？　自分と向き合
う大切なひとときのために、小さなバッ
グを作りました。同じ素材でも、フェア
アイルを編む糸よりは太いこの糸。編込
み初心者の人にも編みやすい太さです。
シンプルな柄ですが、深みのある色が独
特な雰囲気を作り出しています。

糸　DARUMA・シェットランドウール
→p.64、65

クローバーの帽子・ミトン

この糸のよさは、編み上げて洗った後によくわかります。脱水して広げた時、紡績油を落とした糸の、洗いたての素肌のようなさっぱりした表情は、何とも清々しい。そして乾いた後の、格段に柔らかくなった編み地には、微かにぬめりすら感じるのです。そんな素顔のシェットランドウールのよさに、ぜひ触れてみてください。

糸　DARUMA・シェットランドウール
→p.74、75

ハナウタベスト

フェアアイルの方法で、ハナウタパターンの
ベストを編みました。2色の編込みなので、
フェアアイル初心者の人にもおすすめです。
愛らしい柄が甘すぎないよう、シックな色を
選びました。色糸の名は、Wren（ミソサザイ）
と Havana（葉巻）。指先に、小鳥の羽色や葉
巻から立ち上る煙の匂いを感じながら。
糸　Jamieson's Spinning（Shetland）・ス
ピンドリフト　　　　　　　→p.78-80

クロス模様のプルオーバー

中央の模様が印象的なプルオーバー。アジア
の古布からヒントを得て、すべり目で模様を
作り出しています。この作品のように身幅が
60センチ近い作品を編む時に、気になるの
は重さです。その問題を糸で解決すべく、細
くてハリと膨らみがあるこの糸2本どりで編
んでみました。細い糸は細かな編み目を敬遠
しがちですが、同じ糸や別の素材を引きそろ
えることで編み地のバリエーションが広が
る、とても可能性のある素材なのです。
糸　パピー・ブリティッシュファイン
→p.76-78

29

白いボーダーセーター

初めてこの糸に会った時、あまりのかわい
らしさに思わずてのひらにのせました。連
れて帰って早速編むと、糸がうつむき加減
に言いました。「私、かわいいだけじゃな
いんです」って。編み上がったばかりのく
るりとした糸の表情と、水通しした後のふ
わっとした質感と、それぞれに美しい編み
地を見せてくれます。そして軽い。つるり
とした糸と合わせて質感の対比がおもしろ
いボーダーセーターに仕上げました。

糸　DARUMA・LOOP、スーパーウォッ
シュメリノ

→p.66

しましまマフラー

同じ糸の組合せでも、表と裏、編む分量を変えると、編み地はまた別の表情を見せてくれます。マットでボリュームある質感、静かな光沢とさらっとした感触。異素材から生まれる豊かな表情にわくわくしています。衿もとはふわふわと暖かく、両端のフラットな編み地が軽やかな印象のマフラーです。
糸　DARUMA・LOOP、スーパーウォッシュメリノ
→p.81

How
to
knit

糸について

この本の作品に使用した糸の内容です。糸はすべて実物大です。糸の購入先はp.88を参照してください。
表記は、使用作品の掲載ページ／糸名／メーカー／素材／1玉の重さ／1玉の長さ（約）

＊作り方ページに記載している糸の分量は、掲載作品をもとにしています。使用量は編む人によって異なり、
　また、ゲージを編む分は含まれていませんので、ある程度、余裕のある分量を準備されることをおすすめします。
＊糸の色は作品によっては異なるものがあります。

1　p.4／ブリティッシュエロイカ／パピー／
　　ウール100％（英国羊毛50％以上使用）／50g／83m

2　p.6／ワッフル／アヴリル／ウール100％／量り売り
　　（販売単位はホームページ参照）／50g当り80m（参考）

3　p.8／ソフトドネガル／パピー／ウール100％／
　　40g／75m

4　p.8、28／ブリティッシュファイン／パピー／
　　ウール100％／25g／116m

5　p.10、11、12／フォルトゥーナ／パピー／
　　カシミヤ100％／25g／106m

6　p.14／ガウディ／アヴリル／ウール100％／
　　量り売り（販売単位はホームページ参照）／
　　100g当り100m（参考）

7　p.16／ユリカモヘヤ／パピー／モヘヤ86％（スーパー
　　キッドモヘヤ100％使用）ウール8％（エクストラファイン
　　メリノ100％使用）ナイロン6％／40g／102m

8　p.18／ソノモノツィード／ハマナカ／ウール53％
　　アルパカ40％その他（キャメル及びヤク使用）7％／
　　40g／110m

9　p.20／ヴィシュ／オステルヨートランド羊毛紡績／
　　ウール100％／100g／300m

10　p.21、30、32／スーパーウォッシュメリノ／
　　DARUMA／ウール（エクストラファインメリノ・
　　防縮加工）100％／50g／145m

11　p.22、26／スピンドリフト／Jamieson's Spinning
　　（Shetland）／ウール（シェットランドウール）100％／
　　25g／105m

12　p.24、25／シェットランドウール／DARUMA／
　　ウール（シェットランドウール）100％／50g／136m

13　p.30、32／LOOP／DARUMA／ウール83％
　　アルパカ（ベビーアルパカ）17％／30g／43m

編み方のポイント

※糸はわかりやすいように色を一部変えて解説しています。

【 引き解け結び（♀）と編み地の端の増し方 】

袖ぐりや衿などのはぎ代やとじ代分、ゴム編みの両端を補うために
1目増やす方法です。ここでは直線の袖つけ位置を例に解説しています。

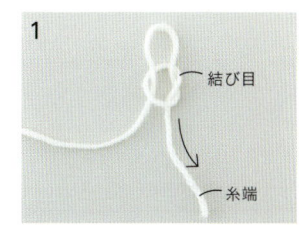 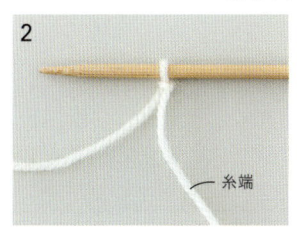  

1	2	3	4
輪を作り結ぶ。糸端側を引いて結び目（引き解け結び）を引き締める	輪を針にかける ※「指でかける作り目」の始めの1目めもこの方法で作り目をする	袖下まちは休み目。身頃の編み地を続けて編むと右端が1目増える	左端は巻き目を作る。反対側の袖下まちは休み目

5	6
左右に1目ずつ増えた	続けて編んだ状態。1目増えたことではぎ代分（または袖を拾い出すための目）ができる

【 クロス模様のプルオーバー（p.28、編み方 p.76）──模様編みの編み方 】

1 表側	2 すべり目	3 裏側	4 すべり目
糸を向う側におき、目に針を入れる	目を右針へ移す。表側からすべり目が1目編めた	糸を手前側におき、目に針を入れる	目を右針へ移す。裏側からすべり目が1目編めた

【 雪の日のカシミヤ指なしミトン（p.12、編み方 p.53）──親指穴のあけ方、拾い方 】

  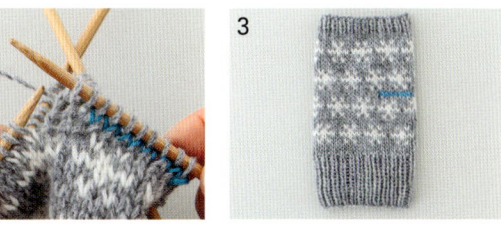

1 別糸	2	3
親指部分（8目）に別糸を編み込む。地糸は切らずに休ませておく	編み込んだ目を左針に戻す。続けて地糸で編む。続けて輪で最後まで編む	ミトン全体はこのような形になる

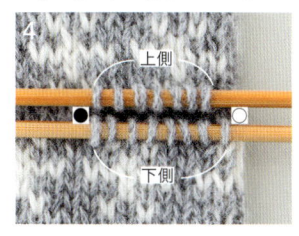  

4 上側 下側	5 拾う目 / ねじり目	6
親指を編む。別糸をほどき、上側、下側それぞれ目に針を通し、拾う	地糸をつけ、下側を編む。角（●）で渡っている糸（上側の端、半目のシンカーループ）を写真にように拾い、ねじり目を1目編む。上側も続けて編み、反対側の角（○）も同様に拾ってねじり目を1目編む（写真はわかりやすいように糸の色を変えている）	1段編めたところ。親指は輪で最後まで編む

かかと・上を編む。▲部分(甲側)は別糸を通して休ませておく

かかと1段めの左端まで編んだ状態。ここから往復に編んでいく

編み地を裏に返し、糸を手前側におき、目を右針に移す。続けて2段めを編む

編み地を表に返し、糸を向う側におき、目を右針に移す。続けて3段めを編む。3、4を繰り返す

かかと・底を編む。1段め(減らす目数★=9目、プラス1目)の手前まで編む

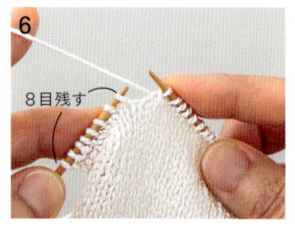

右上2目一度を編む。左針に8目残る。この目は編まずに残し、編み地を裏に返す

2段めを編む。最初のすべり目は3と同様。1段めと同様に(減らす目数☆=9目、プラス1目)の手前まで編む

左上2目一度を編む。左針に8目残る。この目は編まずに残し、編み地を表に返す。次の段の最初のすべり目は4と同様

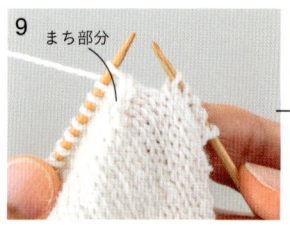

5～8を繰り返して編む。左針に残す目数は編むごとに1目ずつ減る。2目一度することで、かかと上をとじながらまちができる

かかと・上から●部分を拾いながら編む。●のすべり目の向う側の半目に針を入れる

針にかけた目をねじり目で編む

ねじり目が編め、1目拾えた状態

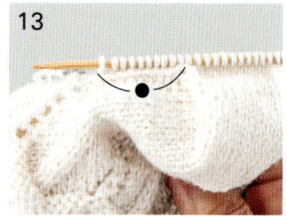

同様にねじり目をしながら●部分から10目拾う

続けて1で別糸に通した甲側の目を針に戻し、編む。○部分も10～12を参照して拾う。写真は1段めが編めたところ。ここから輪に編んでいく

親指部分(12目)は別糸に通し、休ませる

続けて巻き目を2目作る。続けて輪で最後まで編む
※p.37クローバーのミトン3、4参照

親指を編む。別糸に通した休み目を針に戻し、糸をつけて編む。巻き目の2目からも1目ずつ拾う
※p.38クローバーのミトン8参照

ミトン全体はこのような形になる。親指は輪で最後まで編む

【 Swing rope セーター・帽子(p.6、編み方 p.43、47)──トリニティステッチ 】

平編み →  平編みの模様部分は裏側から操作するので記号図とは裏目、表目が逆になる

1 裏側

裏側から模様(赤い記号図)部分を編む。糸を手前におき、3目に針を入れ、裏目を編む

2

編めた状態(裏編みの左上3目一度)

 3 1目め

1目め。表目を編む。前段の目はそのまま針にかけておく

 4 2目め

2目め。同じ目に裏目を編む

 5 3目め

3目め。同じ目に表目を編む

 6

前段の目を針から外す(3目編み入れる)

輪編み

 1 1目め 表側

表側から模様(赤い記号図)部分を編む。1目め。裏目を編む。前段の目はそのまま針にかけておく

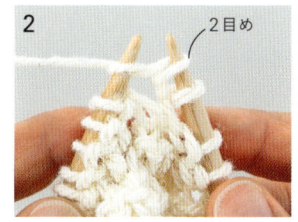 2 2目め

2目め。同じ目に表目を編む

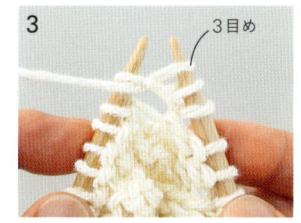 3 3目め

3目め。同じ目に裏目を編む

 4

前段の目を針から外す(3目編み入れる)

 5

糸を向う側におき、3目に針を入れ、表目を編む

 6

編めた状態(表編みの左上3目一度)

平編みも輪編みも表から見ると同じ模様になる

【 クローバーのミトン(p.25、編み方 p.75)──親指穴のあけ方、拾い方 】

 1 休み目

親指部分(8目)は別糸に通し、休ませる

 2 巻き目

地糸、配色糸の順で巻き目を8目作る

 3

巻き目から続けて1目編んだ状態。親指部分の穴ができる

 4

続けて輪で最後まで編む

5 ミトン全体はこのような形になる

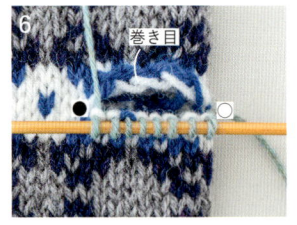

6 親指を編む。別糸に通した休み目を針に戻し、糸をつけて編む（写真はわかりやすいように糸の色を変えている）

7 角（●）で渡っている糸（巻き目の最後の渡り糸）を写真のように拾い、ねじり目を1目編む

8 巻き目部分も続けて8目拾う。拾い方は巻き目の目の中に針を入れ、糸をかけて拾い出す

9 反対側の角（○）も**7**と同様に拾ってねじり目を1目編む

10 1段編めたところ。親指は輪で最後まで編む

【 あざみのカーディガン（p.8、編み方 p.58）──横に糸を渡す編込みの方法 】

p.22〜27の編込み作品でも使用

1 地糸の上に配色糸をのせて、地糸で1目編む。配色糸を編み地の端でとめることができる

2 続けて編込み模様を編む。ここでは地糸が上、配色糸が下で裏に糸を渡している

3 編めた状態
※裏に渡る糸の上下は編み地の途中では変えない

4 渡り糸が長くなる場合
配色糸の渡りが長くなる場所は途中で編みくるむ。配色糸を手前側に交差する

5 続けて地糸で1目編む。写真のように渡り糸が途中で挟まれる

6 配色糸を手前側に交差する

7 もう1目編む。配色糸が編みくるまれ、渡り糸が長く渡らなくなる

8 端まで糸が渡るように段の最初で挟み込む（ここでは配色糸を上にのせて1目編む）

9 続けて編む。途中、配色糸の渡りが長くなる場所は配色糸を向う側に交差する

10 続けて地糸で1目編む。渡り糸が途中で挟まれる。続けて写真のように配色糸を向う側に交差する

11 もう1目編む。配色糸が編みくるまれ、渡り糸が長く渡らなくなる

【 ハナウタベスト（p.26、編み方 p.78） 】

作り目をして輪にする

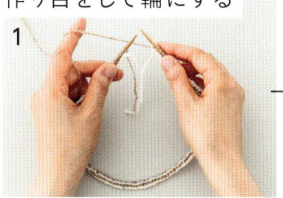

別鎖の裏山を拾う方法で作り目する。作り目がねじれていないことを確認してから、別鎖の最初と最後をクリップでとめる（編み途中で輪がねじれるのを防ぐため。10段くらい編めたらはずす）

スティークを編む

2 編込みを輪で編んでいく。袖ぐりの手前の段まで編んだら、左脇の休み目位置に指定の目数を別糸を通して休ませておく

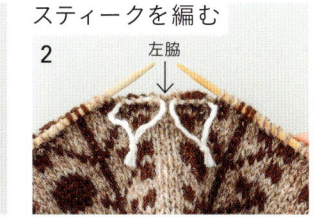

3 地糸と配色糸で「引き解け結び（p.35）」を作り、右針にかける

4 配色糸で巻き目を1目作る

5 続けて地糸で巻き目を1目作る

6 もう一度、交互に巻き目をする。全体で6目（●）になる（引き解け結びの2目分も含む）

7 続けて前身頃を編込みで右脇まで編む。右脇も同様に休み目にする。地糸、配色糸の順で交互に巻き目を6目作る

8 続けて配色糸、地糸の順で交互に巻き目を6目作る（中央は配色糸2目続く）。合計12目の巻き目（スティークの作り目）ができた

9 続けて後ろ身頃を編込みで左脇まで編む。同様に地糸、配色糸の順で交互に巻き目を6目作る。スティークの作り目ができた。続けて輪で編込みを編む

10 輪で編んだ状態。衿ぐりは7、8を参照してスティークを編む

肩、スティークをはぐ

11 段の境で針で左右に分ける。反対側の袖ぐりスティーク中央で輪針のコードを引き出し、前後身頃の目を分けておく

12 編み地を中表にし、前後身頃を重ねる（後ろ身頃を手前に持つ）。かぎ針に前後の端の目を1目ずつ移して、地糸で引抜きはぎする

13 引抜きはぎを1目編んだところ

14 同様に編み地の端まで引抜きはぎをする（袖ぐりスティーク、肩、衿ぐりスティーク、肩、袖ぐりスティークの順にはぐ）

裏側

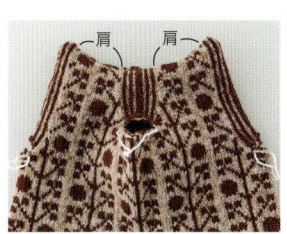

表側

前準備として、スティーク部分にスチームアイロンをかけておくと、編み地を切ったときほつれにくくなる

スティークを切る

 15

 16 17

前衿ぐりのスティークの中央（配色がつながっているところ）にはさみを入れて切り開く。後ろ衿ぐりも同様に切り開く

衿ぐりを切り開いたところ

袖ぐりも同様に切り開く

 18

袖ぐり、衿ぐりの2目ゴム編みを編む

 19  20  21

左右の袖ぐりを切り開いたところ

別糸に通した袖ぐり下の前身頃側の休み目を針に戻し、糸をつけて表目で編む（写真はわかりやすいように糸の色を変えている）

スティークの1段め、身頃とスティークの間に針を入れる

糸をかけて引き出す

 22 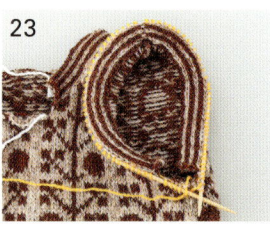 23  24　裏側

同様に針を入れ、1段から1目、1目から1目を拾い目をする

袖ぐり1段拾えた。続けて2目ゴム編みを指定の段数編む（2段めで目数を減らす）、2目ゴム編み止めをする。衿ぐりも同様に編む

袖ぐり、衿ぐりに2目ゴム編みを編み、2目ゴム編み止めをした状態。スティークが裏側に出ている

スティークを処理する

 25  4目

26　2目  27

スティークは裏側で4目分残して切る

2目分を内側に折り込む

表にひびかないように目立たない色の糸でまつる。衿ぐりも同様にまつる（写真はわかりやすいように目立つ色の糸に変えている）

【しましまマフラー（p.32、編み方p.81）──縦に糸を渡すしま模様の編み方】

白のボーダーセーター（p.30）もこの方法を参照し、模様編みを編む

 1 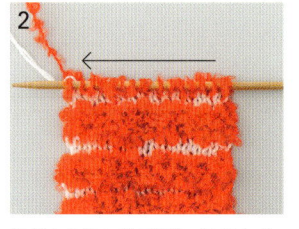 2

3 　裏側

糸のある側から編み始めるので、針は両側から編める針を使用する

表側から赤い糸で編む。このとき、白の編み地がつれないように赤い糸は編み地の端で縦に糸を渡しておく

赤い糸で4段編む。赤い糸は休ませておく。糸のある側から白い糸で3段編む。このとき、この赤の編み地がつれないように白い糸は編み地の端で縦に糸を渡しておく。2、3を繰り返す。右の写真は編み地の裏側。このように糸が渡る

【編込みの糸、針の持ち方】

いろいろな方法がありますが、最初のうちは利き手に１本糸をかけて色を替えるたびに糸をかけ直す方法でも大丈夫です。慣れてきたら下記の方法もお試しください。

左に糸を持つ場合

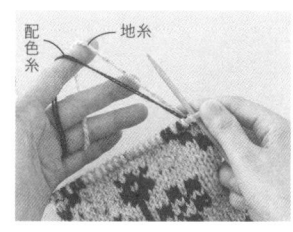

左手の指に地糸と配色糸をかけ、針を左右に持つ

左右に糸を持つ場合

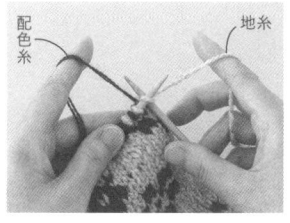

A　右手の指に地糸、左手の指に配色糸をかけて持つ

B　配色糸は左手に。地糸は右手にかけずに、上から持って編んでもいい

【棒針で輪に編む―境目がゆるまない方法】

棒針で輪に編むと、針と針の境目がゆるくなることがあります。そんな時の対処法です。ひと手間かかりますが、こうすると境目が目立たなくなります。

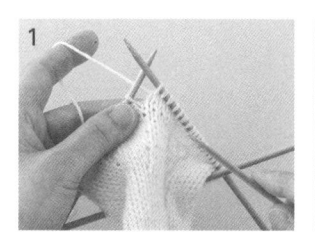

針にかかった1辺の端まで編む

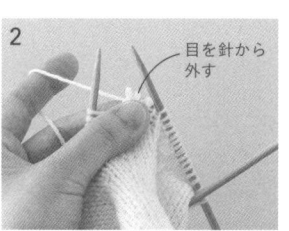

最後に編んだ3目分を針から外す

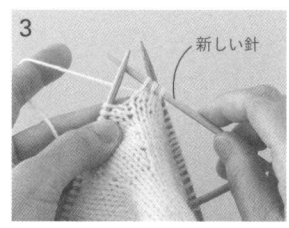

新しい針にはずした3目を移す。そのまま続けて次の針にかかった1辺を編む。針が替わるごとに繰り返す(編んでから境をずらすので編み目の大きさはいつもと変わらない)

【糸の素材について】

・羊毛(ウール)

羊の体毛。主な生産国はオーストラリア、ニュージーランド、中国など。羊の種類により、また飼育地により品種も多い。羊毛は水滴をはじき、水蒸気・湿気を吸収する働きがある。この相反する性質を併せ持つのは、繊維を覆ううろこ状のスケールの働きによるもの。繊維自体はよじれながら波打っており(クリンプ)、弾力がある。空気をたくさん含むため保温性も高い。

メリノウール

ルーツはスペインであるが、現在ではオーストラリアを代表する品種。白くしなやかで、衣料用の羊毛として世界の45％がこれに属する。

防縮ウール

ウールは洗濯を行なうと縮みやすい(水の中でスケールが開き、それぞれが引っかかり合うことで繊維がからまるため。フェルトはこの性質を利用したもの)。これを防ぐために樹脂加工を施したり、塩素加工を行なったりして、縮まないように改質したもの。

・アルパカ

ラクダ科の一種で、ラクダよりは小型。産地は南米(ペルー、ボリビア、チリ、アルゼンチン)の山岳地帯。繊維は細めで長い(20〜40cm)。なめらかで光沢があり、張りもある。

・カシミヤ

インド・カシミール地方が原産のカシミヤ山羊の表面の毛(ヘア)の下に生えているふわふわとしたうぶ毛。主産国は中国、モンゴル等。繊維は短く、また非常に細くて柔らかい。優れた保温性が特徴。1頭から150〜250gしか採れない。中でも、白色でヘアの少ないものは最高級品である。

・モヘヤ

トルコ・アンカラ地方が原産のアンゴラ山羊の毛(品質表示にアンゴラ、とあるものは、アンゴラうさぎの毛)。主産国は南アフリカ、アメリカ。繊維は年齢と共に太くなり、10〜30センチと長い。光沢があり、手触りはなめらかで、強さにも優れている。

キッドモヘヤ

モヘヤの中でも生後1年以内の毛のこと。繊維は細く光沢、しなやかさの面で優れている。

【用具について】

指定の用具の他に、糸切りばさみ、とじ針、メジャー、必要に応じて目数・段数マーカー、縄編み針、かぎ針（引抜きはぎ用）を用意してください。作り方の「別鎖の裏山を拾う作り目」は、別鎖を編む糸とかぎ針も必要です。別鎖用の糸は、綿糸または市販の編み出し糸を使います。手持ちの糸で代用する場合、毛羽立ちの少ないストレートヤーンを使い、編み地に別鎖の繊維が残らないよう、身頃が編めたら早めにほどいて縁編みを編んでください。かぎ針は、身頃よりも2号太い針（人により手加減が違うので、あくまでも目安）を使います。裏山から拾い目すると、別鎖の寸法が短くなります。本体の編み地がつれないよう、ゆるめに鎖編みを編んでおくのがポイントです。

【ゲージについて】

作品を編む糸と針で、身頃の編み地を15～20センチ四方の大きさに編み、スチームアイロンをかけます。編み地が冷めたら、編み目が安定している場所（編み地の端は避けます）で、10センチの目数・段数を数えます。この数字をゲージと呼び、編み目の大きさを表わしています。指定ゲージと合わない場合は、（手加減ではなく）針の号数を替えて調整してください。

【指定サイズに編むために】

作品を編む時はゲージを手もとに置いて、時々編み目の大きさを確認してみてください。また、身頃が15センチくらい編めたところで、再度ゲージを確認してください。編み地幅が変わるとゲージが変わってしまうことがあります。

・<u>サイズ調整と着心地のよい編み物をするために必要なこと</u>

いちばん簡単なのは、ゲージを調整することです。針の号数を1号太く（細く）すると、一回り大きな（小さな）サイズになります。針の号数だけで大きく（小さく）した場合、衿ぐりも大きく（小さく）なりますので、縁編みを多めに編む、割り出しをしなおす等して調整してください。着丈は脇（袖ぐりのカーブが始まるまで）、袖丈は袖下の増し目を終えた平らな部分で段数を増減（模様単位で段数を変更）すると、その上の部分の編み図がそのまま使えます。

着心地のよいものを作るために、自分（着る人）のサイズを知ることはとても大切です。着やすいニットの寸法を測って、それを元に調整してみてください。また、自分の編み癖を知っておくことも大事です。例えば、袖の縦ゲージだけがゆるくなってしまう場合。指定段数で編むと寸法より長く編めてしまうので、その分段数を減らしてみましょう。

【製図の計算式について】

製図の中に記載している計算式は、指定のカーブや斜線の目の増減方法を表わしています。

・○—△—※　→　○段ごとに△目を※回増す（減らす）と読みます。

反対側のカーブは1段ずれます（2目以上の減らし目は糸のある側で操作します）。増減目を示す編み図が掲載されているものは、あわせてごらんください。

【縁編みの目の止め方】

各作品に指定がありますが、ゴム編み止めは伏止め（表目は表編み、裏目は裏編みしながら伏止め）に変更してもかまいません。その際、あきのない衿ぐり（セーター等）は、目を止めた後、頭が通ることを確認してください。あきがある衿ぐり（カーディガン等）は、カーブの部分は少しきつめに伏止めすると、収まりがいいようです（衿ぐりの拾い位置よりも寸法が短くなるため）。

【アフターケアについて】

洗い方、アイロンのかけ方等は、糸のラベルにある取扱い絵表示に従ってください。手編み糸のほとんどが家で洗えます。方法は下記のとおりです。

・<u>洗濯について</u>

35～40● くらいのお湯に中性洗剤を溶かし、作品を畳んで浸します。そしてやさしく押し洗いします。脱水して、再度お湯を張り、（洗剤が残らないように）すすぎます。再度脱水して、陰干しします（本書に出てくる「水通し」も同じ方法です）。平らな場所に干せるといいのですが、難しい場合は竿や、袖なしのものはハンガーを使って干すのでも大丈夫です。その際、編み地が伸びないよう干し方を工夫してみてください。

・<u>毛玉について</u>

毛玉は、糸から出た繊維がからみ合って丸くなったものです。毛玉ができたら、はさみ等で切り取るのが理想です。指でつまんで取ると、繊維が引っ張られて次の毛玉の元になりますので、あまりおすすめしていません。けれど無心になって毛玉を取り続ける時間は、ひとつのことに集中できて気分がすっきりする、よいひとときでもあります。

・<u>保管の際に気をつけたいこと</u>

衣替えの季節には、洗濯をしてから衣装ケースにしまいます（できれば密封できるものを）。動物繊維の主成分はタンパク質。虫がつきやすいため、防虫剤を一緒に入れます。また、薬の成分が行き渡るように、詰め込みすぎないようにしてください。

材料　[アヴリル]ワッフル ナス(14) 120g

用具　11号4本棒針、40cm輪針、10号40cm輪針

ゲージ　模様編みA 18目が8cm、22段が10cm
　　　　模様編みB 8目が4cm、22段が10cm

寸法　頭回り48cm、深さ21.5cm

編み方　糸は1本どりで指定の針の号数で編みます。
10号針で指で針にかける作り目で104目作り目をし、輪にし

ます。続けて2目ゴム編みで16段編みます。11号針に替え、模様編みA、Bを41段編みます(模様編みBの詳しい編み方はp.37を参照)。続けて減らしながら3段編みます。最終段の12目に糸を2回通し、絞ります。

ポイント　頭回り56cmのところ、かぶった時のフィット感がいいように、小さめに仕上げています。

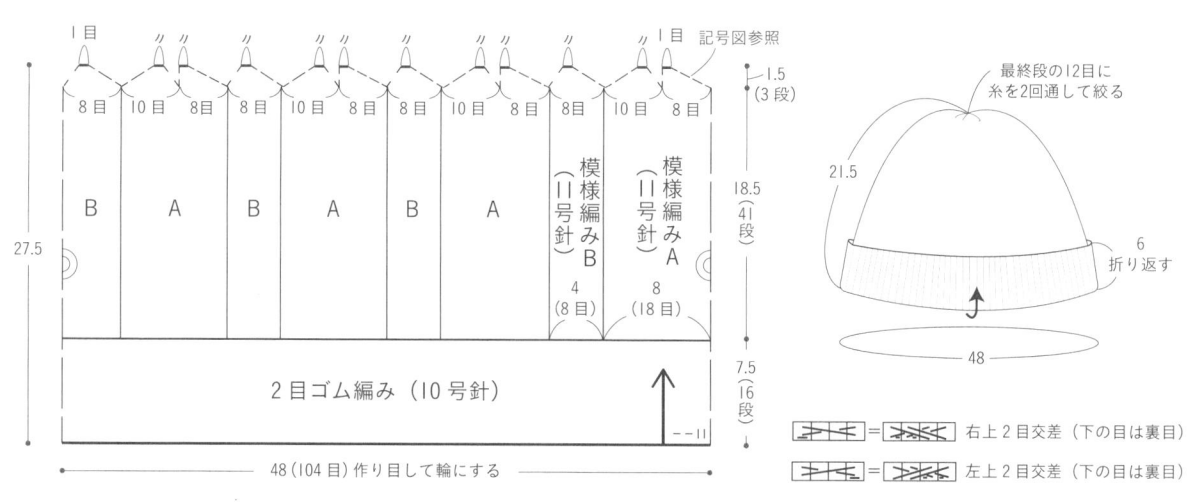

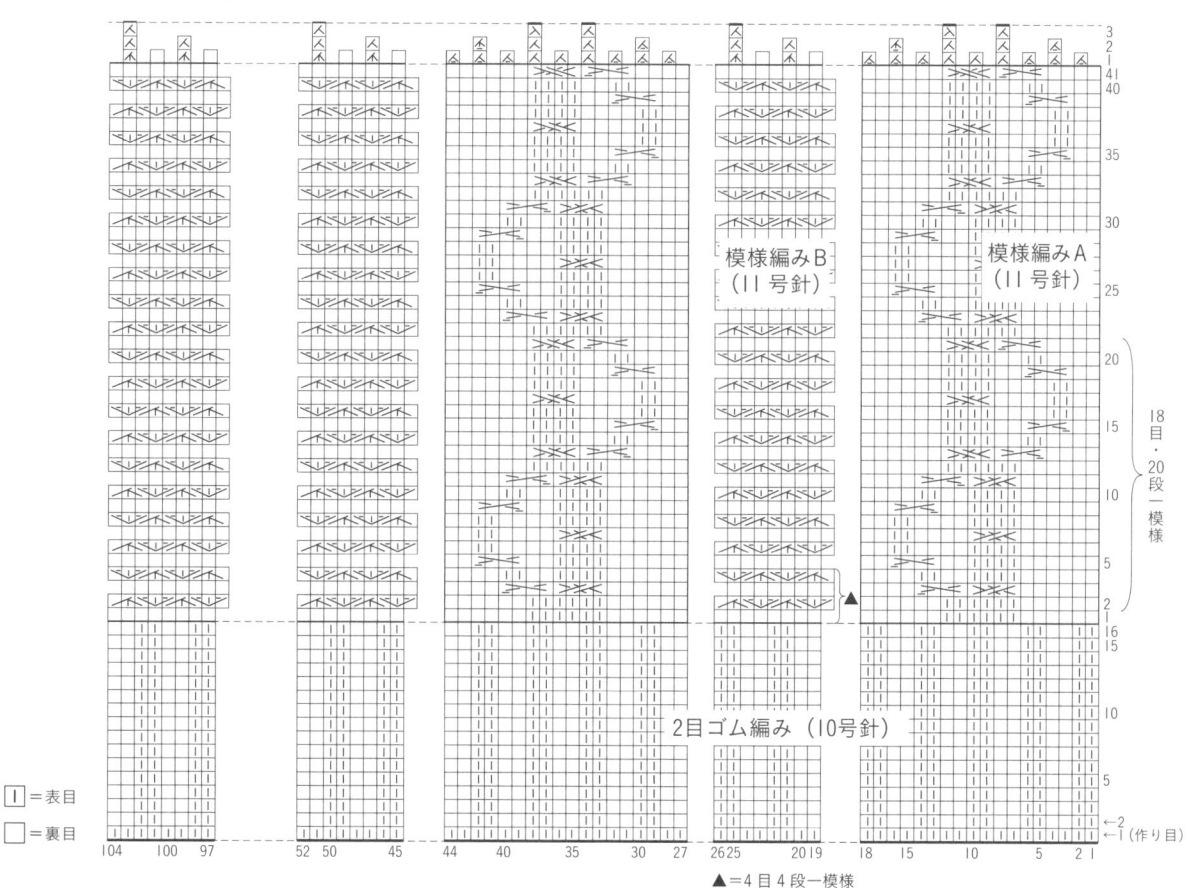

43

材料　［パピー］ブリティッシュエロイカ ベージュ（143）363g

用具　8号80cm輪針、7号40cm、80cm輪針

付属　直径1.7cmのボタン 4個

ゲージ　模様編み 17目25段が10cm四方

寸法　胸回り94cm、着丈55cm、背肩幅38.5cm

編み方　糸は1本どりで指定の針の号数で編みます。

・前後身頃を編みます。

7号針で指で針にかける作り目で160目作り目をし、輪にします。続けて1目ゴム編みで15段編みます。8号針に替え、模様編みを60段編みます。

袖ぐり、前あき部分を別糸に通して休み目にし、左前身頃、右前身頃、後ろ身頃に分け、それぞれ往復で袖ぐり、衿ぐりを減らしながら52段編みます。肩は休み目にします。

・肩をはぎ、袖ぐり、衿ぐり、短冊を編みます。

肩は引抜きはぎし、袖ぐりから拾い目をして7号針で輪に1目ゴム編みで8段編みます。1目ゴム編み止め（輪編み）で止めます。衿ぐりから拾い目をして7号針で1目ゴム編みを往復で8段編みます。1目ゴム編み止め（往復編み）で止めます。左右の短冊部分を拾い目し（右短冊の1段め記号図の解説はp.35を参照）、7号針で短冊を編み、伏止めをします。右短冊はボタン穴をあけて編みます。

・仕上げます。

右短冊下側と前あき部分を目と段のはぎではぎます。左短冊の下側は裏側でかがります。左短冊にボタンをつけます。

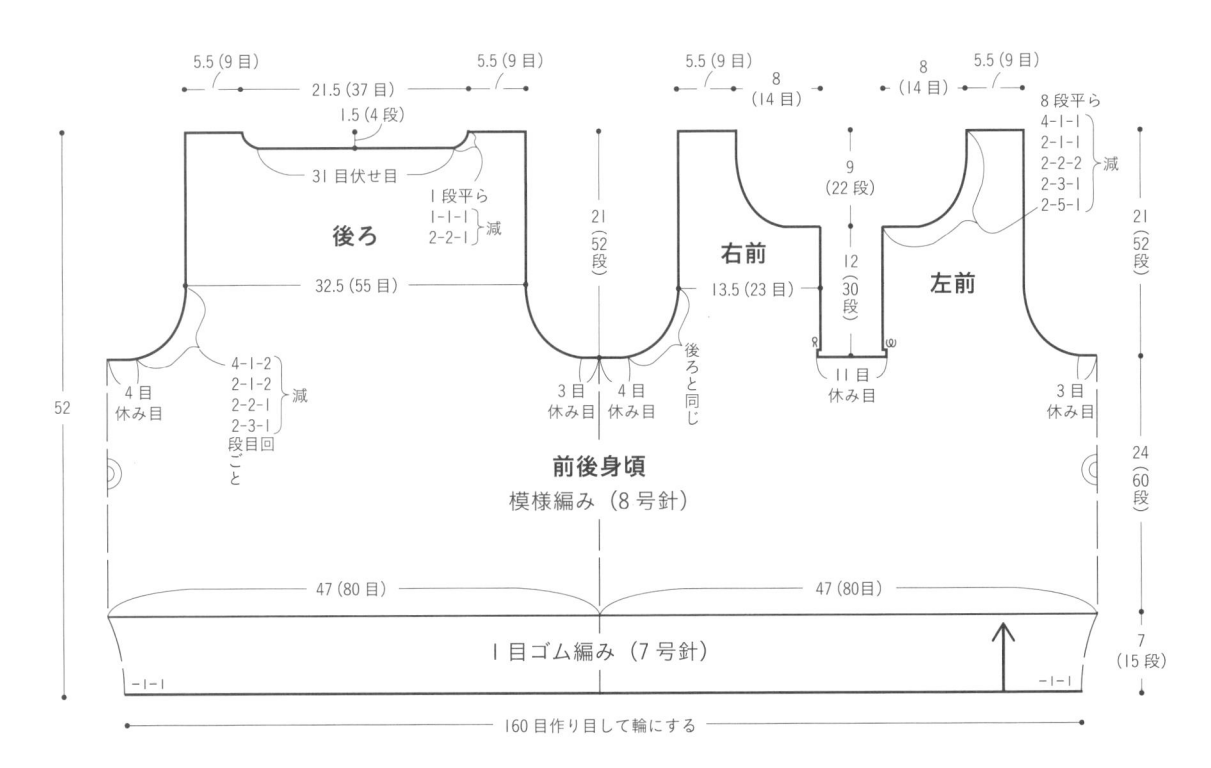

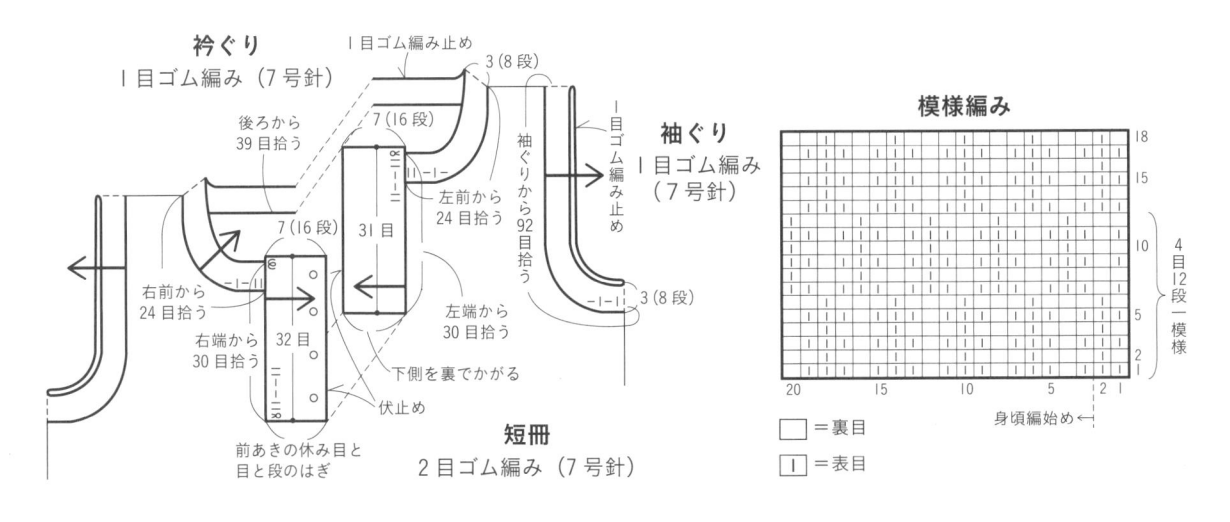

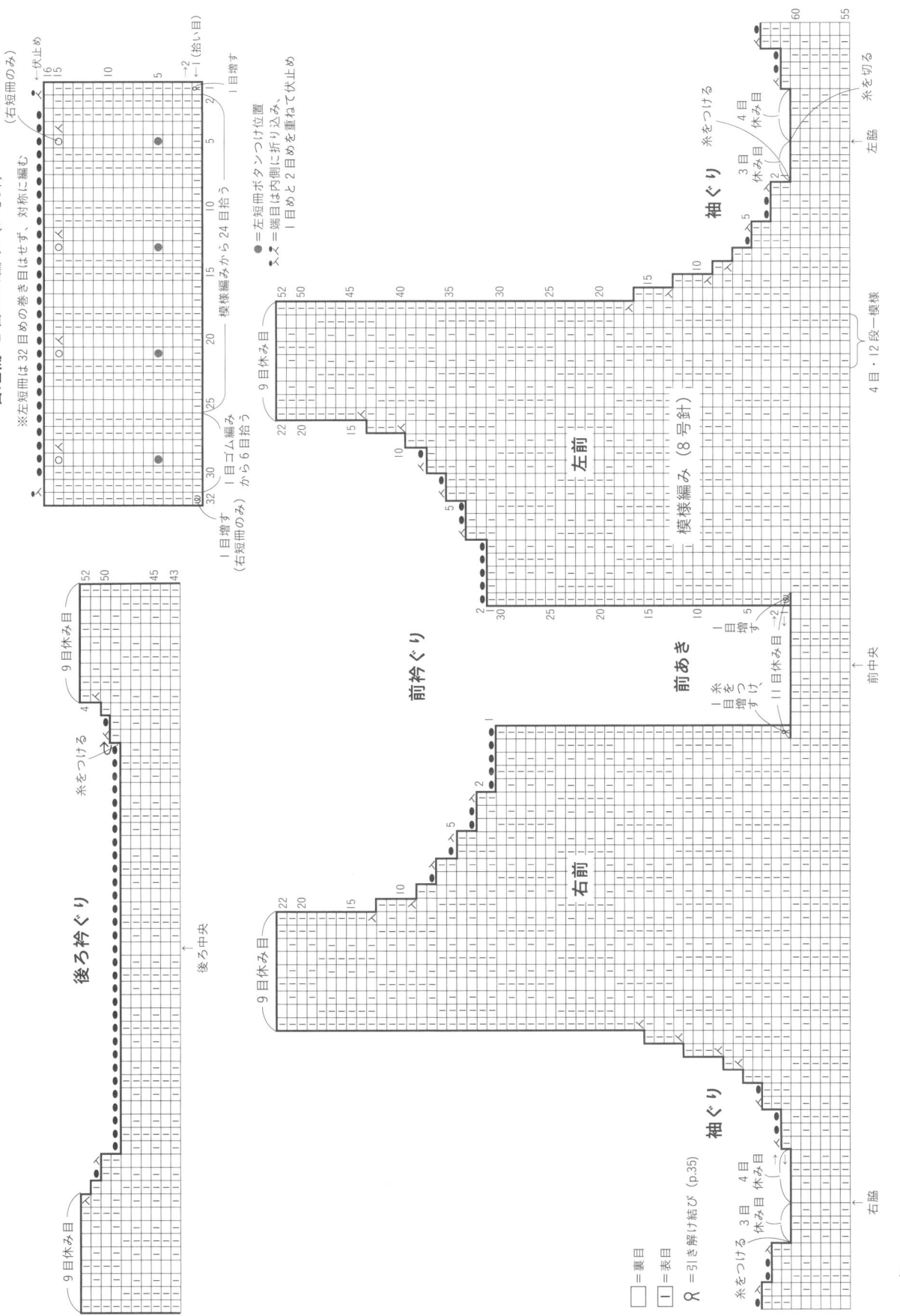

写真左からA、B、C、D

材料　［パピー］フォルトゥーナ A 白（2192）、B 淡グレー（2213）、C グレー（2107）、D 濃グレー（2114）22g

用具　6号短5本棒針

ゲージ　メリヤス編み 22目29.5段が10cm四方
　　　　模様編み 7目が2.5cm、29.5段が10cm

寸法　手のひら回り16cm、丈19cm

編み方　糸は1本どりで編みます。

・右手本体を編みます。

指で針にかける作り目で38目作り目をし、輪にします。続けてメリヤス編みと模様編みを編みます。途中、まちの増し目をしながら33段編みます。親指の穴部分は別糸を通し、休ませておきます。次の段の巻き目で作り目し（p.36を参照）、23段編みます。編終りは伏止めをします。

・親指を編みます。

本体の休み目と巻き目から14目拾い目をし、輪に編みます。

続けてメリヤス編みで12段編み、編終りは伏止めをします。

・左手を編みます。

右手とは左右対称に編みます。

ポイント　カシミヤのシンプルミトン（p.51）と同じです。

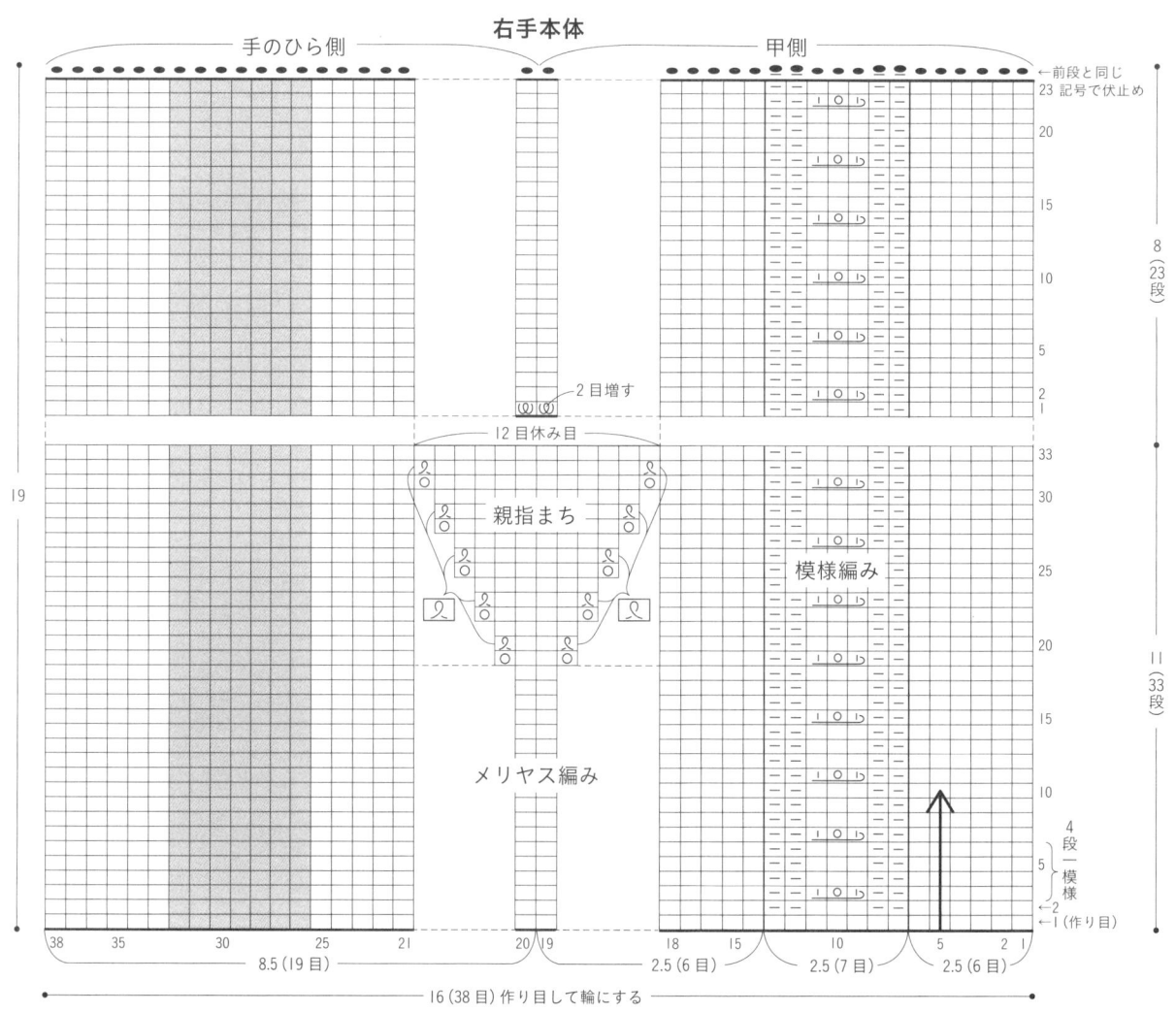

46

□ ＝表目
－ ＝裏目
▨ ＝左手の模様編み位置

｜ ○ ｜ 3目のかぶせ目

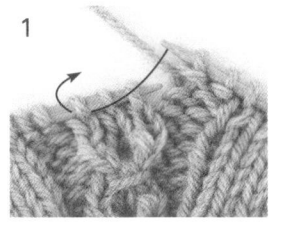

1
右針で矢印のように3目めをすくう

2
右隣の2目にかぶせる

3
かぶせた状態

4
表目、かけ目の順に編む
かけ目
表目

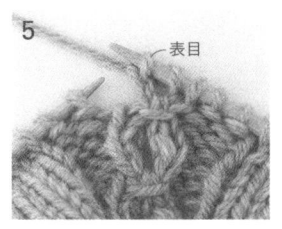

5
表目
最後に表目を編む。3目のかぶせ目が編めた

6
3目のかぶせ目の段を編み終えた状態

---

p.6　Swing ropeセーター

材料　［アヴリル］ワッフル ナス(14)680g

用具　11号、10号2本棒針、10号40cm輪針

ゲージ　模様編みA、A' 18目が8cm、22段が10cm
　　　　模様編みB 12目が6cm、22段が10cm
　　　　模様編みC 16目22段が10cm四方
　　　　模様編みD、D' 8目が3.5cm、22段が10cm

寸法　胸回り94cm、着丈63cm、ゆき丈72cm

編み方　糸は1本どりで指定の針の号数で編みます。

・前後身頃を編みます。

10号針で指で針にかける作り目で86目作り目をします。続けて2目ゴム編みで16段編みます。11号針に替えて1段めで増し目をし、模様編みC、A、B、A'、Cで72段編みます（模様編みBの詳しい編み方はp.37を参照）。

袖下まちは別糸に通して休み目にし、続けて模様編みC、A、B、A'、Cでラグラン線を減らしながら42段編みます。前身頃は途中で衿ぐりを伏せ目にし、減らしながら編み、残った目は休

み目にします。後ろ身頃は伏止めをします。

・袖を編みます。

10号針で指で針にかける作り目で50目作り目をします。続けて2目ゴム編みで14段編みます。11号針に替えて1段めで増し目をし、模様編みC、D、B、D'、Cで袖下を増しながら84段編みます。袖下まちは別糸に通し休み目にし、続けて模様編みC、D、B、D'、Cでラグラン線を減らしながら42段編みます。最後は伏止めをします。

・仕上げます。

ラグラン線、脇、袖下をすくいとじし、袖下まちをメリヤスはぎします。衿ぐりを拾い目をして10号針で輪に2目ゴム編みで8段編みます。2目ゴム編み止め（輪編み）で止めます。

ポイント　ゆき丈を短くしたい場合は、袖下の増し目（△）を8-1-8、20段平らとし、平らな部分で調整します。4段ごと（一模様単位）で段数を減らしてください。

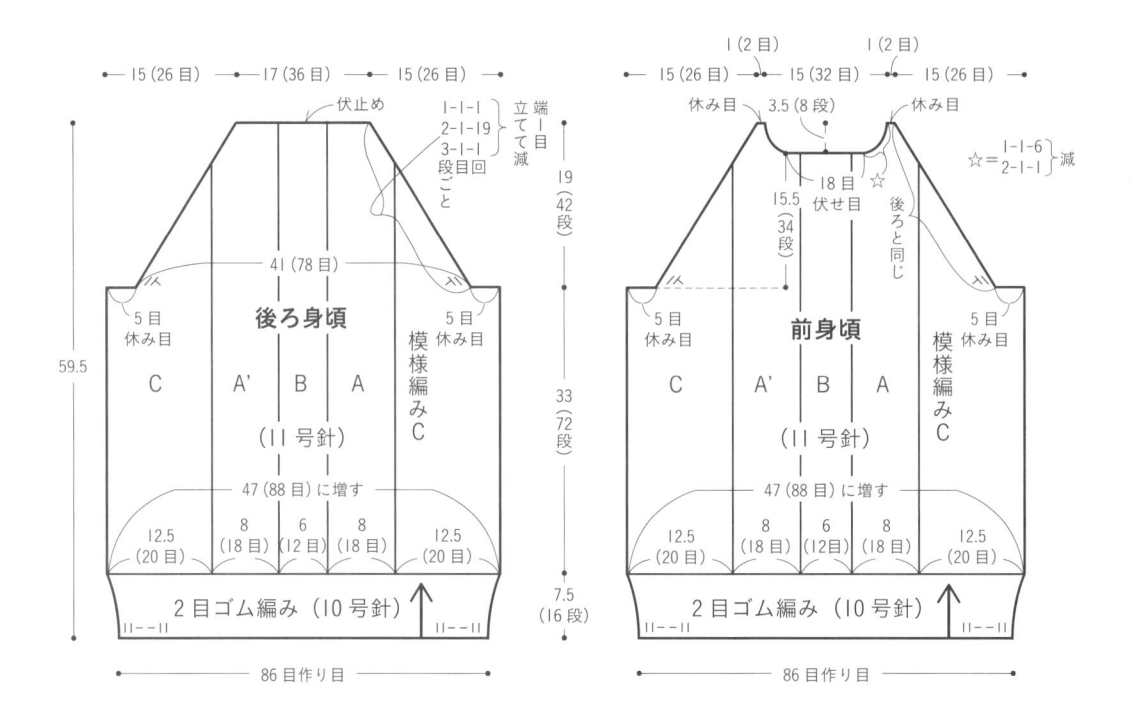

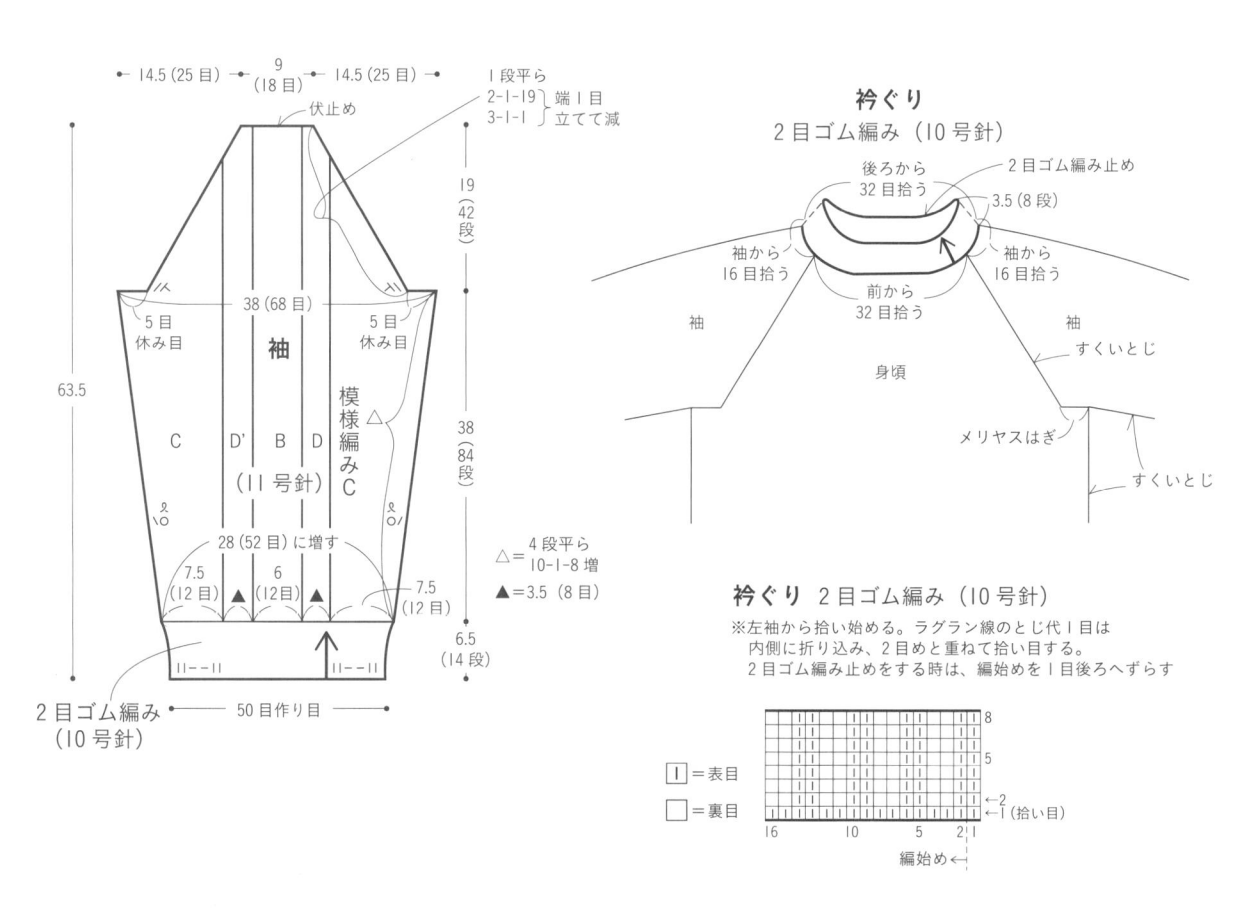

後ろ（11号針）

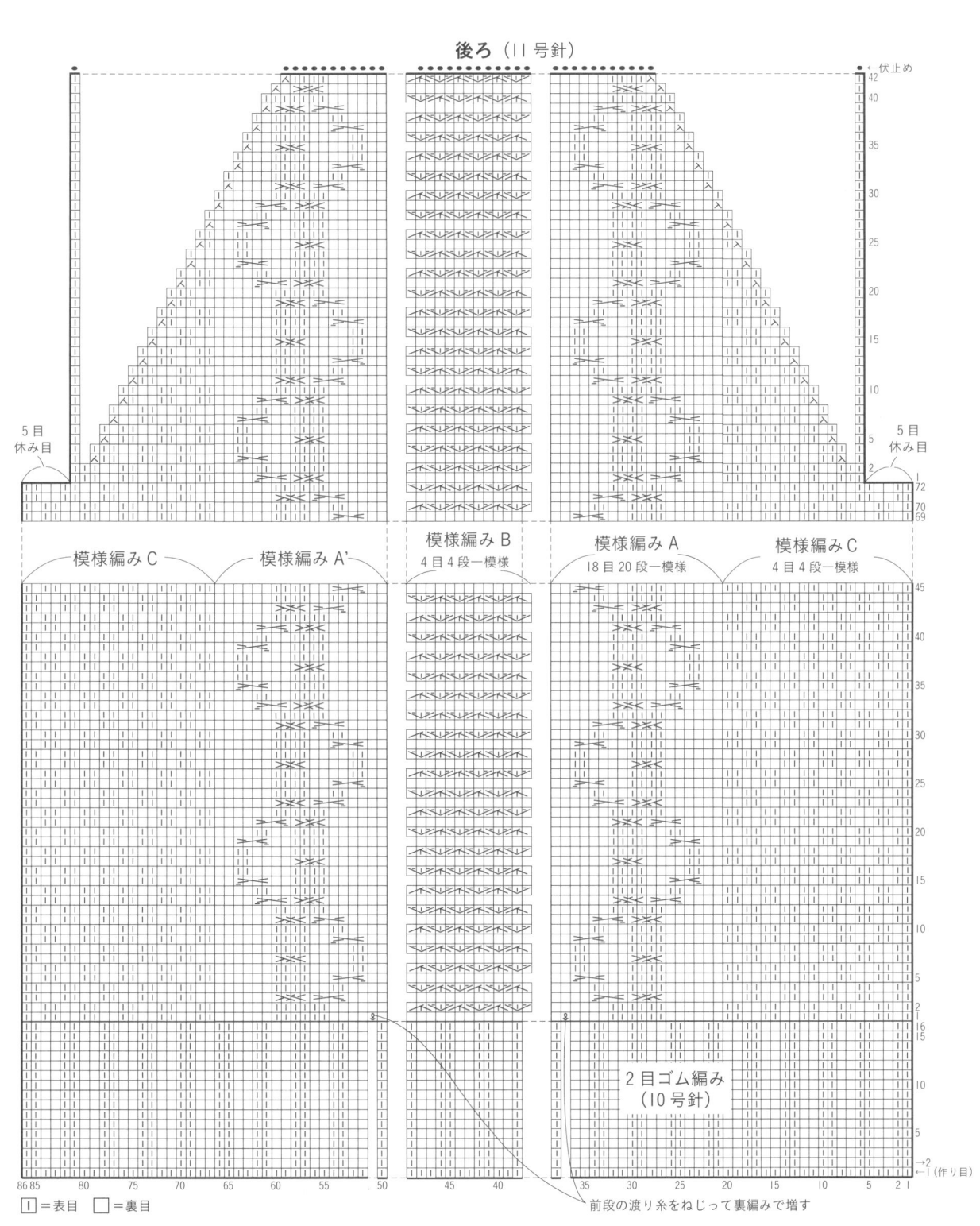

5目
休み目

模様編みC　　　模様編みA'

模様編みB
4目4段一模様

模様編みA
18目20段一模様

模様編みC
4目4段一模様

←伏止め

5目
休み目

2目ゴム編み
（10号針）

前段の渡り糸をねじって裏編みで増す

I ＝表目　　□ ＝裏目

右上2目交差（下の目は裏目）

左上2目交差（下の目は裏目）

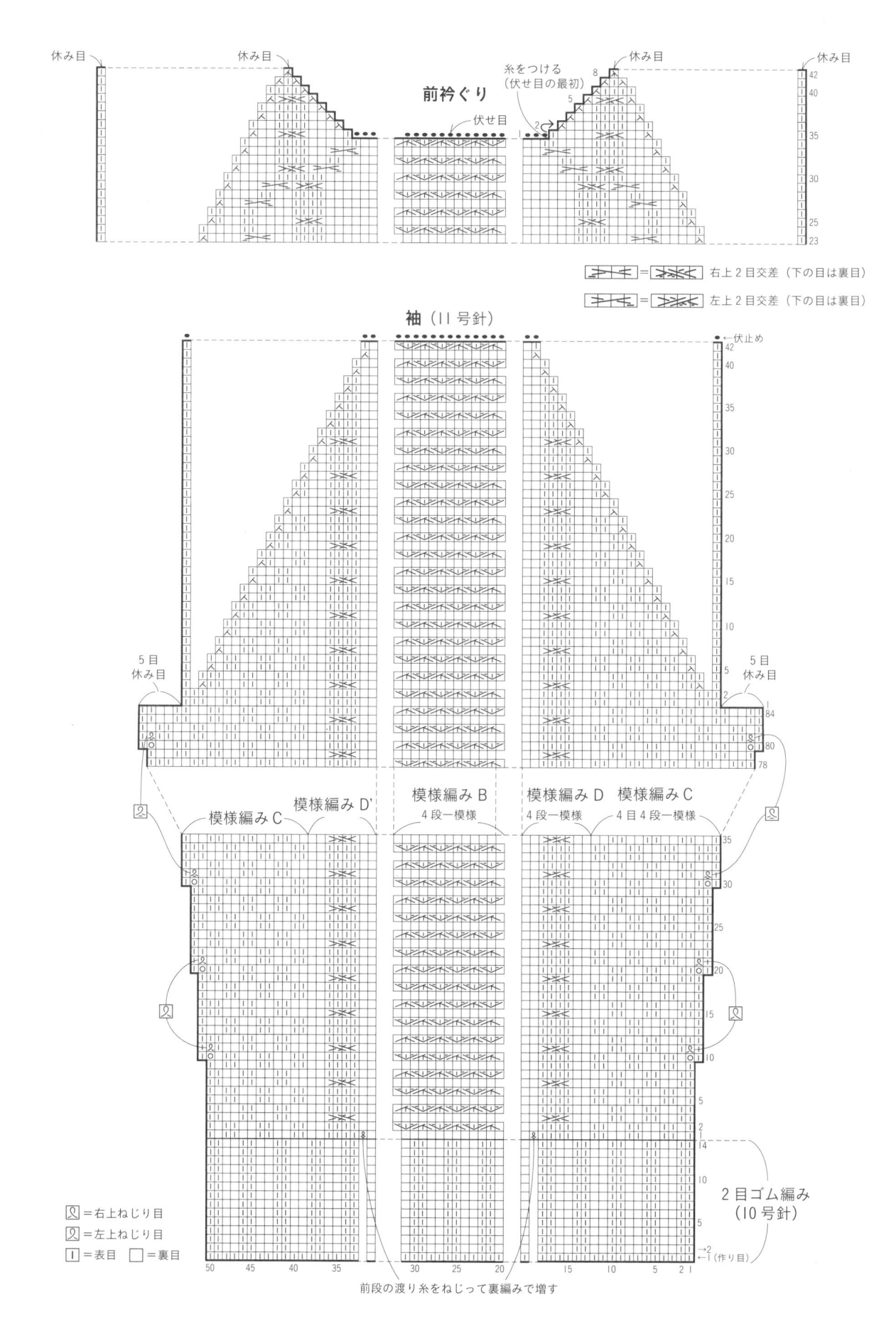

前衿ぐり

袖（11号針）

右上2目交差（下の目は裏目）

左上2目交差（下の目は裏目）

休み目

糸をつける（伏せ目の最初）

伏せ目

5目休み目

模様編みC　模様編みD'　模様編みB　模様編みD　模様編みC

4段一模様　　4段一模様　　4目4段一模様

2目ゴム編み（10号針）

前段の渡り糸をねじって裏編みで増す

= 右上ねじり目

= 左上ねじり目

| = 表目　□ = 裏目

50

材料　［パピー］フォルトゥーナ 白（2192）23g
用具　6号短5本棒針
ゲージ　メリヤス編み 22目30段が10cm四方
寸法　手のひら回り17cm、丈21cm

編み方　糸は1本どりで編みます。
同じものを2枚編みます。

・本体を編みます。
指で針にかける作り目で38目作り目をし、輪にします。
続けてメリヤス編みを編みます。途中、まちの増し目をしなが
ら27段まで編みます。親指の穴部分は別糸を通し、休ませて
おきます。次の段の巻き目で作り目し（p.36を参照）、26段編
みます。途中で2目減らします。指先は減し目をしながら10
段編みます。最終段の6目に糸を2回通し、絞ります。

・親指を編みます。
本体の休み目と巻き目から14目拾い目をし、輪に編みます。
続けてメリヤス編みで16段編み、17段めで目を減らします。
最終段の7目に糸を2回通し、絞ります。

ポイント　1玉で編むためのヒント（カシミヤのシンプルミト
ン・p.46指なしミトン共通）
編む前に、糸玉を半分に分けておく（1/2玉→片手分）と安心です。
糸量にゲージ分は含まれていません。小さめにゲージをとる、
ほどいて使うなど工夫してみてください。また、手の大きさと
も相談しながら、段数よりも寸法で合わせてみてください。

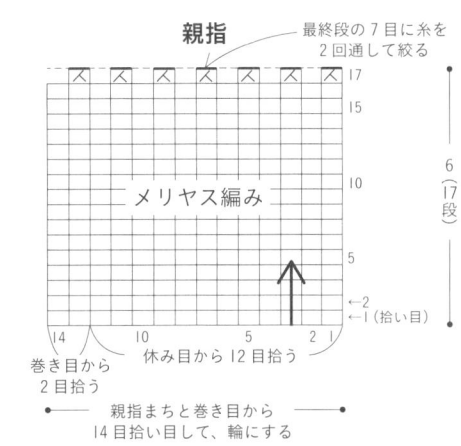

親指

メリヤス編み

最終段の7目に糸を
2回通して絞る

巻き目から
2目拾う

休み目から12目拾う

親指まちと巻き目から
14目拾い目して、輪にする

本体
メリヤス編み

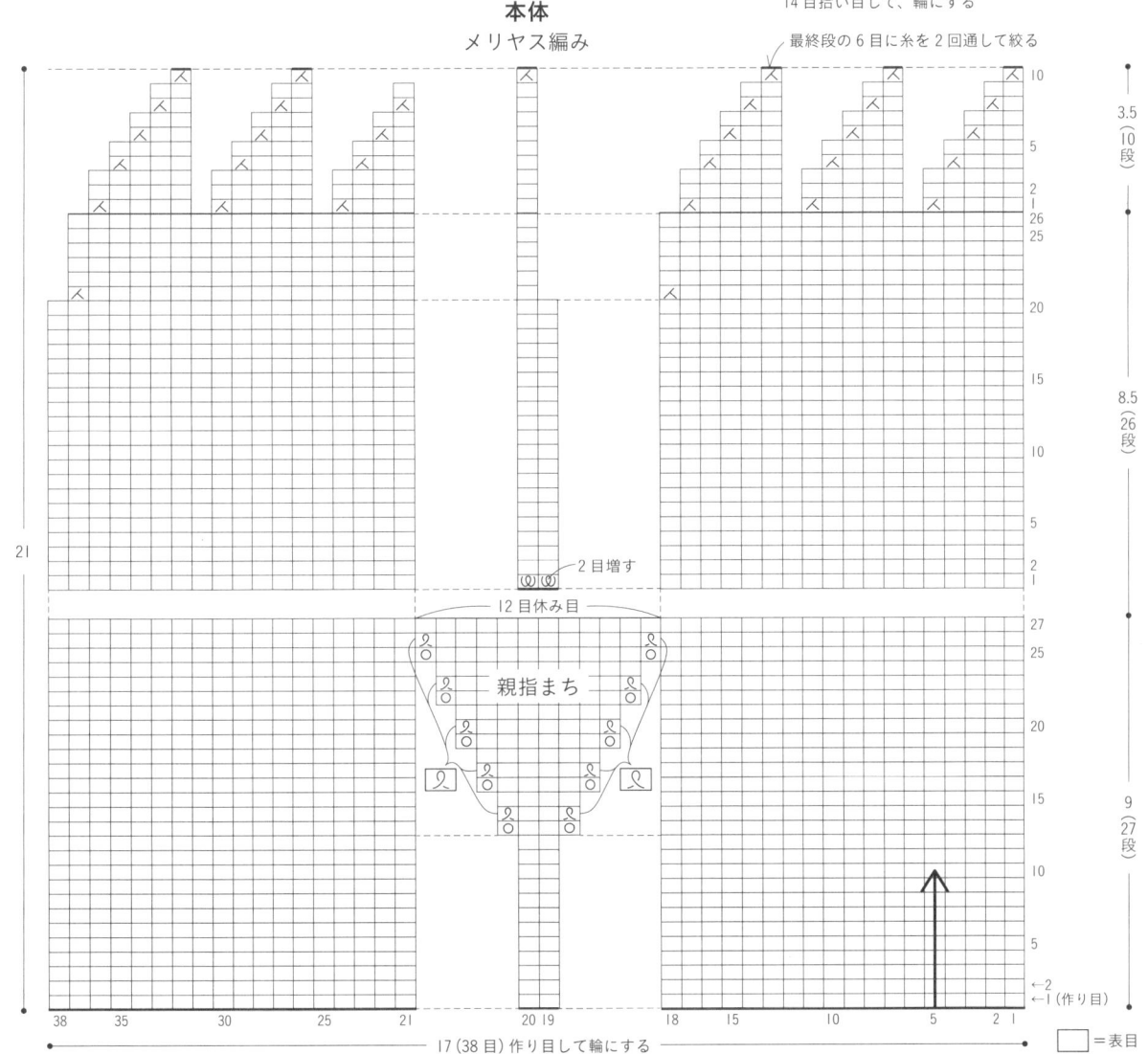

最終段の6目に糸を2回通して絞る

2目増す

12目休み目

親指まち

17（38目）作り目して輪にする

□＝表目

材料　［パピー］フォルトゥーナ 濃グレー（2114）56g、白（2192）39g

用具　4号、5号短5本棒針

ゲージ　編込み模様 28目26段が10cm四方

寸法　幅8.5cm、丈133cm

編み方　糸は1本どりで指定の配色、針の号数で編みます。

4号針、濃グレーの糸で指で針にかける作り目で48目作り目をし、輪にします。

続けて1目ゴム編みで5段編みます。

5号針に替え、編込み模様を335段編みます。

4号針に替え、1目ゴム編みで5段編み、編終りは伏止めをします。

ポイント　編込み部分、裏に渡る糸が長い箇所は適宜編みくるんでください
（p.38参照）。

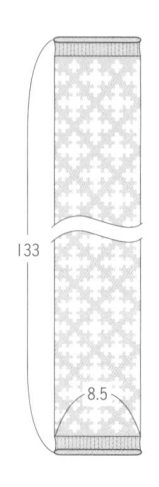

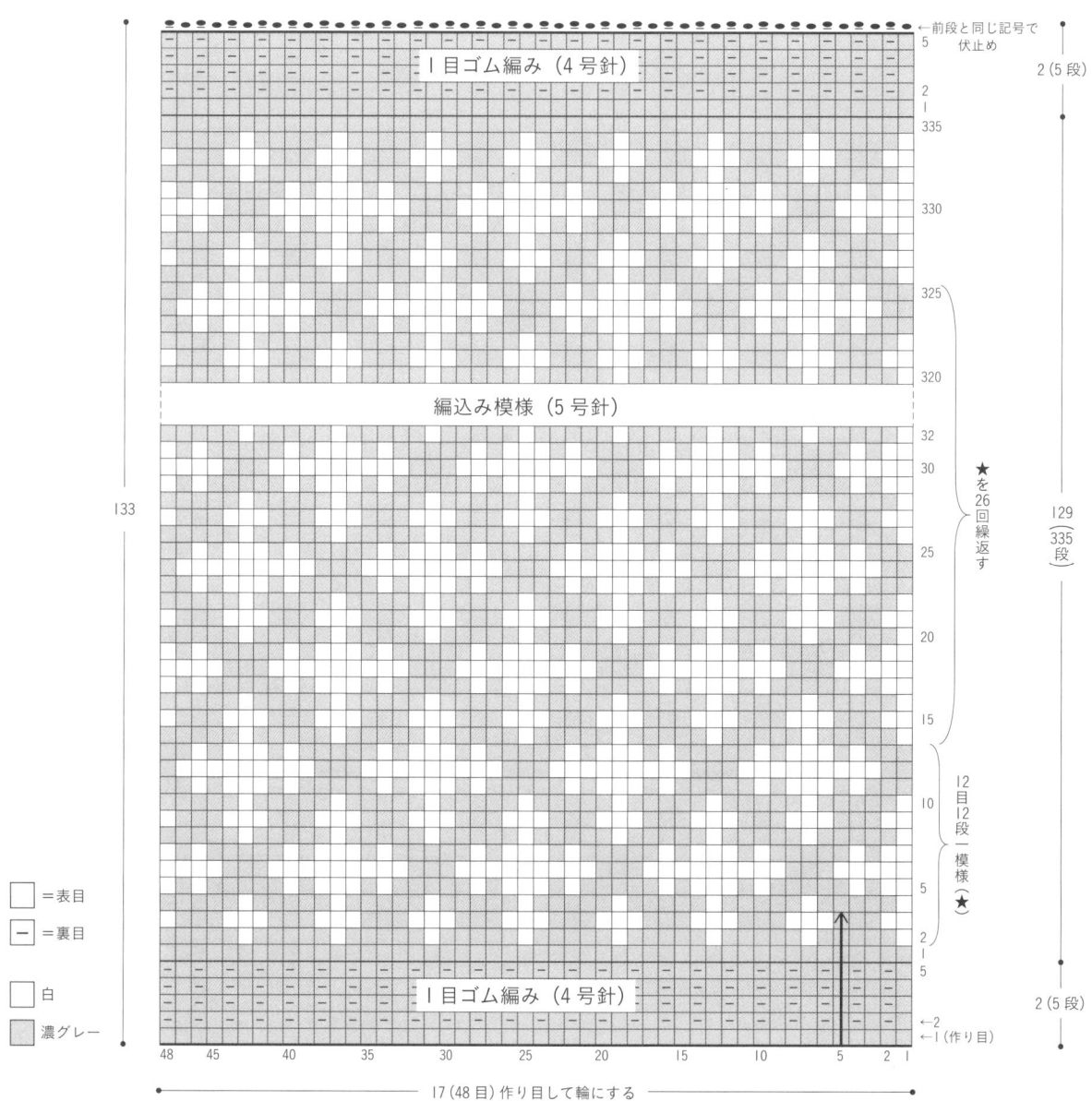

□＝表目

－＝裏目

□白

▨濃グレー

材料　[パピー]フォルトゥーナ 濃グレー(2114)23g、白(2192)5g

用具　5号、6号短5本棒針

ゲージ　編込み模様 25目30段が10cm四方

寸法　手のひら回り19cm、丈16.5cm

編み方　糸は1本どりで指定の配色、針の号数で編みます。

・右手本体を編みます。

5号針、濃グレーの糸で指で針にかける作り目で48目作り目をし、輪にします。続けて1目ゴム編みで16段編みます。6号針に替え、編込み模様を30段編みます。途中、親指の穴部分に別糸を編み込みます(p.35を参照)。5号針に替え、1目ゴム編みで4段編み、編終りは伏止めをします。

・親指を編みます。

本体の別糸をほどき、5号針、濃グレーの糸で17目拾い目をして輪に編みます(p.35を参照)。続けてメリヤス編みで12段編み、編終りは伏止めをします。

・左手を編みます。

同様に左手を編みますが、親指の穴の位置が変わるので注意します。

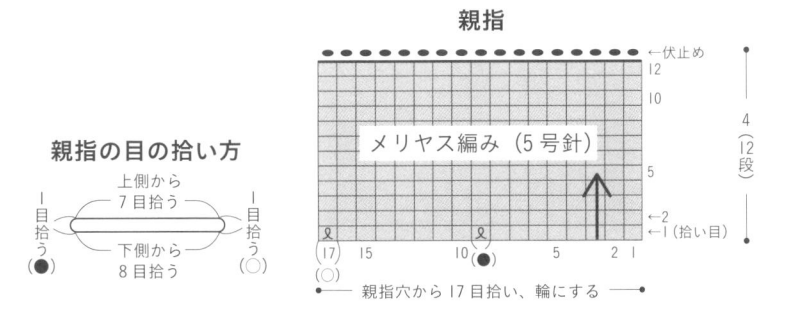

親指の目の拾い方

親指

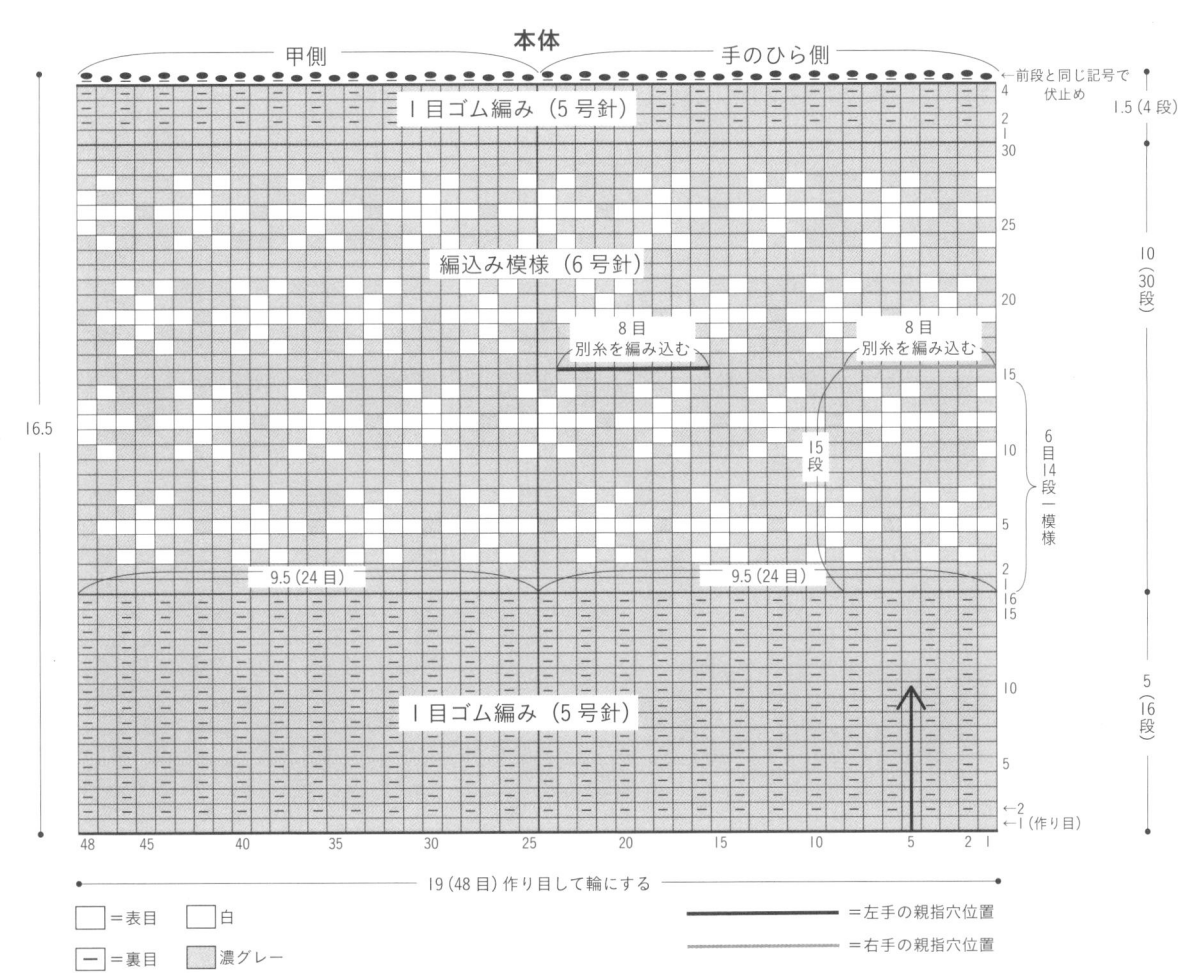

本体

□ =表目　□ =白
— =裏目　■ =濃グレー

━━━━━ =左手の親指穴位置
━━━━━ =右手の親指穴位置

<u>材料</u>　［アヴリル］ガウディ ホワイト（00）690g

<u>用具</u>　15号4本棒針、80cm輪針

<u>ゲージ</u>　メリヤス編み 13目18段が10cm四方
　　　　模様編み 13目22段が10cm四方

<u>寸法</u>　胸回り100cm、着丈49.5cm、袖丈47cm（ゆき丈67.5cm）

<u>編み方</u>　糸は1本どりで編みます。

・前後身頃を編みます。

別鎖の裏山を拾う作り目で130目作り目をし、輪にします。
続けてメリヤス編みで40段編みます。袖下まちに別糸を通して休み目にし、前後身頃の目を分けます。続けて模様編みで36段、ガーター編みで6段往復に編みます（袖ぐりの1段め記号図の解説はp.35を参照）。肩は前後身頃を外表に合わせて（表側を見ながら）引抜きはぎします。続けて手前側の衿ぐりを伏

止めをします。続けて反対側の肩を引抜きはぎします。残った衿ぐりも編み地の表側を見ながら伏止めをします。作り目の別鎖をほどき、目数を半分に分け、目を拾います。目を減らして2目ゴム編みで14段往復に編みます。最後は伏止めをします。

・袖を編みます。

袖ぐりから52目拾い目をし、両端で1目ずつ増し目（p.35参照）をしてメリヤス編みで9段往復に編みます。続けてメリヤス編みで輪に編み、袖下の減し目をしながら63段編み、減し目して2目ゴム編みで12段編みます。最後は伏止めをします。

・仕上げます。

袖下まちは目と段のはぎではぎます。スリット止りを横に2回かがります。裾の2目ゴム編みの端目は自然に裏側に丸まります。

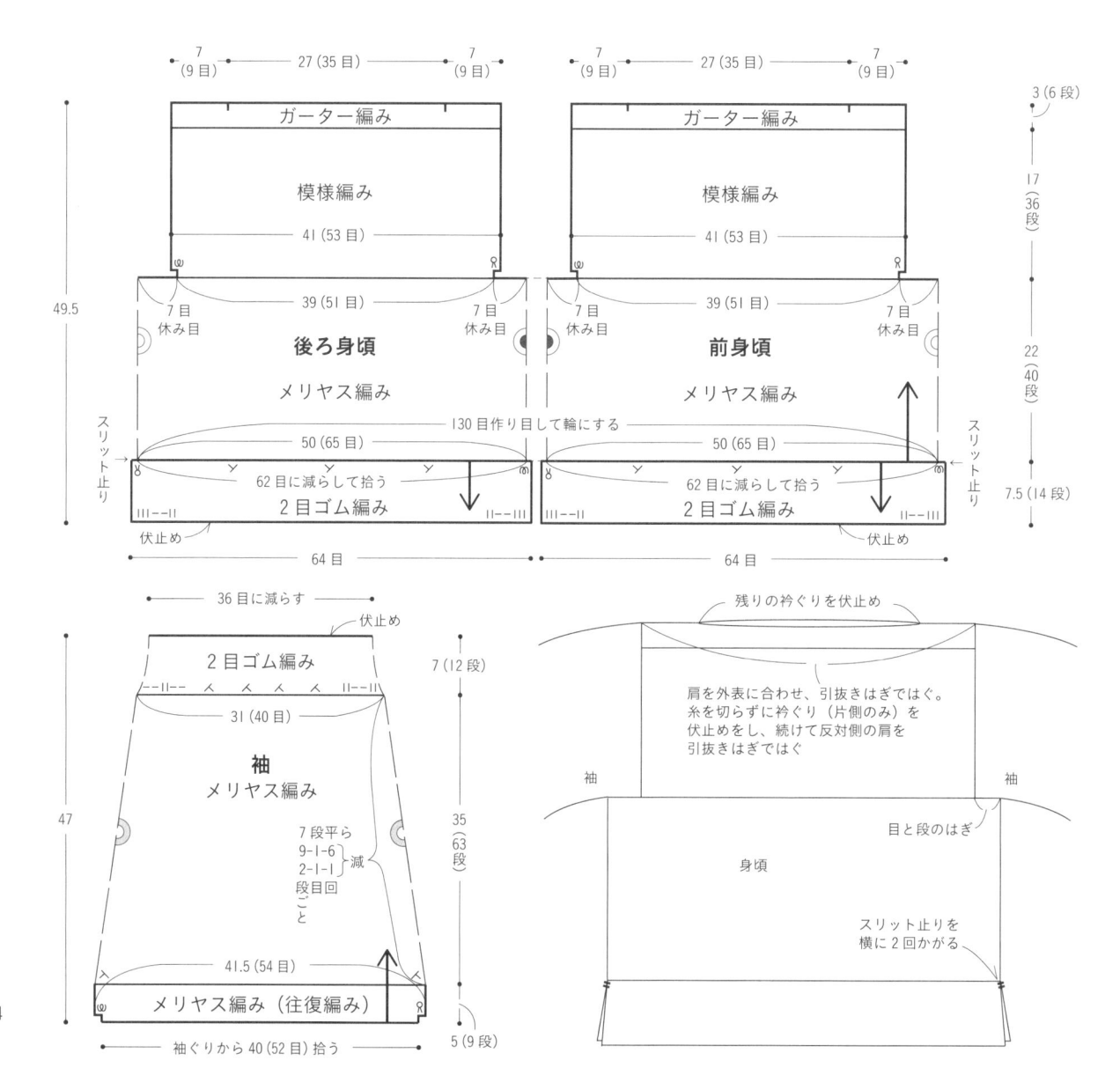

身頃

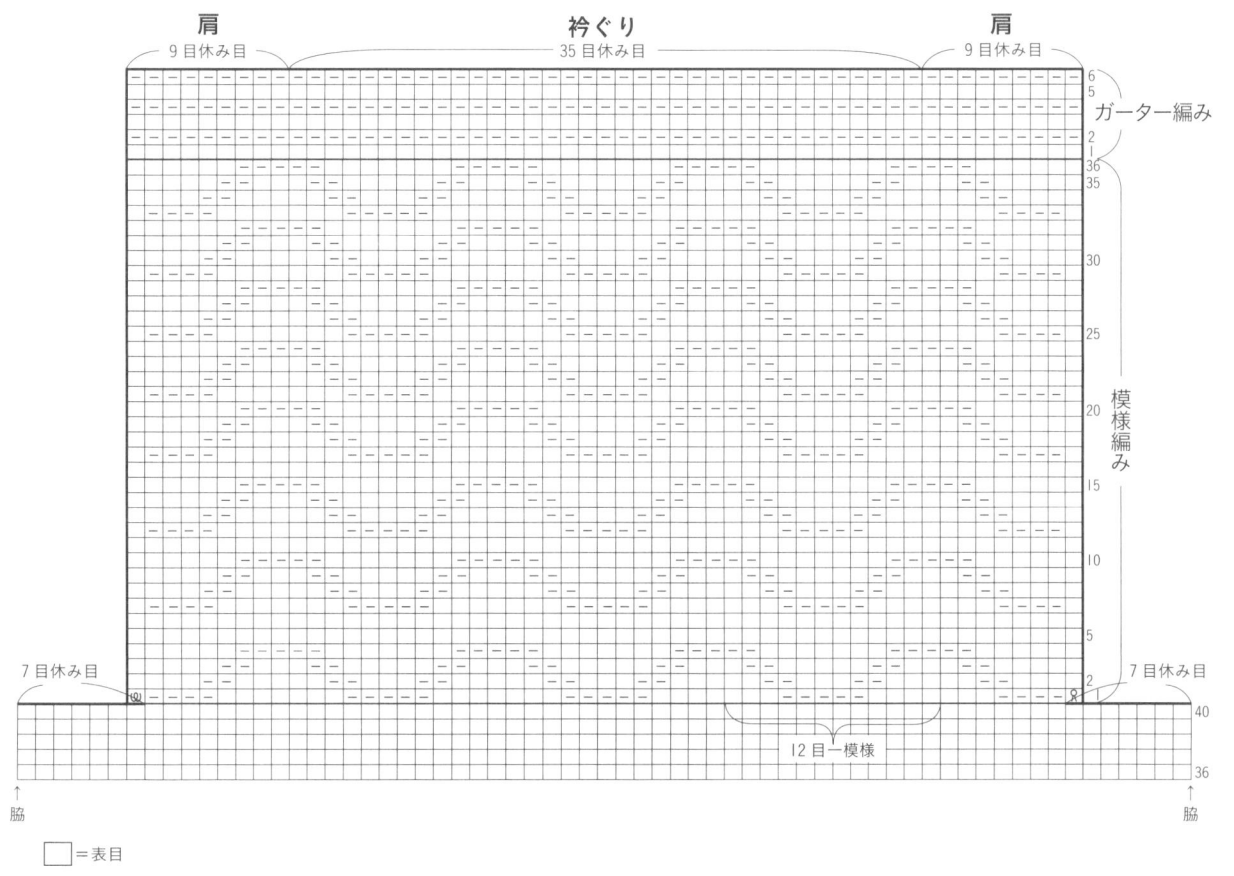

肩 9目休み目　**衿ぐり** 35目休み目　**肩** 9目休み目

ガーター編み

模様編み

7目休み目　　　　7目休み目

12目一模様

↑脇　　　　↑脇

40

36

□ =表目

− =裏目

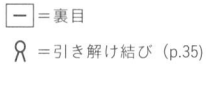 =引き解け結び (p.35)

身頃の裾の両脇は内側に
折り込み、1目めと2目めを
重ねて伏止め

2目ゴム編み

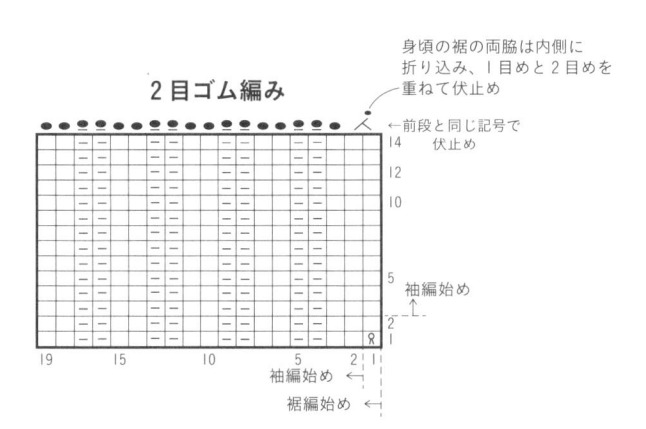

←前段と同じ記号で
　伏止め

14

12

10

5 袖編始め

2

1

19　　15　　10　　　5　　2　1

袖編始め　←

裾編始め

材料　［パピー］ユリカモヘヤ 赤（307）307g

用具　9号、8号80cm輪針

付属　直径2.2cmのボタン5個

ゲージ　ガーター編み 15目22.5段が10cm四方

寸法　胸回り98cm、着丈56.5cm、ゆき丈67cm

編み方　糸は1本どりで指定の針の号数で編みます（輪針で往復に編みます）。

・前後身頃を編みます。

8号針で指で針にかける作り目で144目作り目をします。続けて2目ゴム編みで14段、9号針に替えてガーター編みを54段編みます。前身頃、袖下まちはそれぞれ別糸を通し休み目にします。後ろ身頃の前後差部分をガーター編みで10段編み（1段め記号図の解説はp.35を参照）、別糸を通し休み目にします。

・袖を編みます。

8号針で指で針にかける作り目で38目作り目をします。続けて2目ゴム編みで12段、9号針に替えてガーター編みで袖下の増し目をしながら76段編み、別糸を通し休み目にします。

・ヨーク部分を編みます。

前後身頃、袖の休み目から拾い目をします。9号針でガーター編みでヨークの減目をしながら40段編み、最後は伸び止めのため伏止めをします。

・衿ぐり、前立てを編みます。

衿ぐりから拾い目をして8号針で2目ゴム編みを6段編み、最後は伏止めをします。前端から拾い目をして8号針で2目ゴム編みを6段編み、最後は伏止めをします。右前立てはボタン穴をあけて編みます。

・仕上げます。

袖下をすくいとじします。袖下まちをメリヤスはぎ、後ろ身頃の前後差部分と袖の休み目部分を目と段のはぎではぎます（それぞれ記号を合わせます）。左前立てにボタンをつけます。

ポイント　前立ての伏止めは、ゆるくならないようにしてください（伸び止めも兼ねています）。

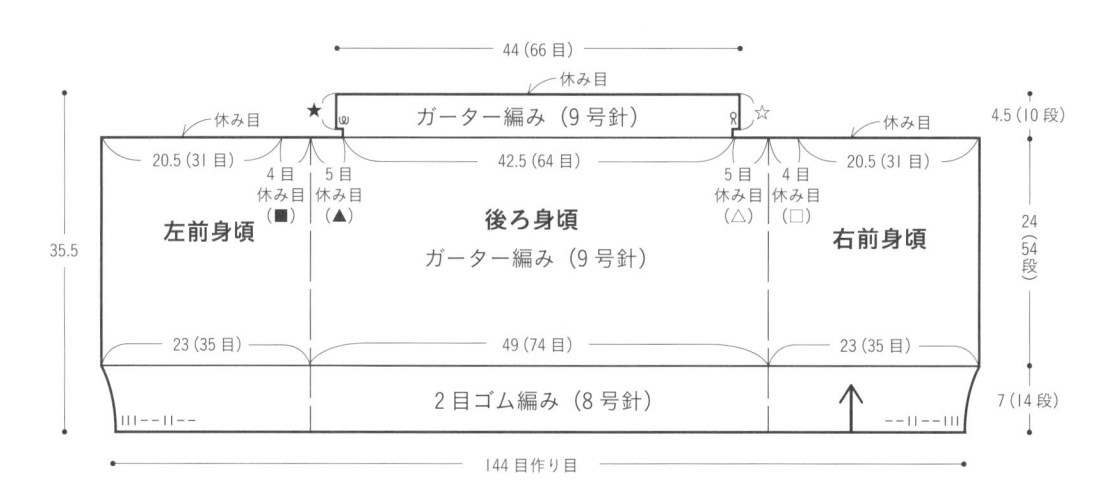

袖の目の分け方

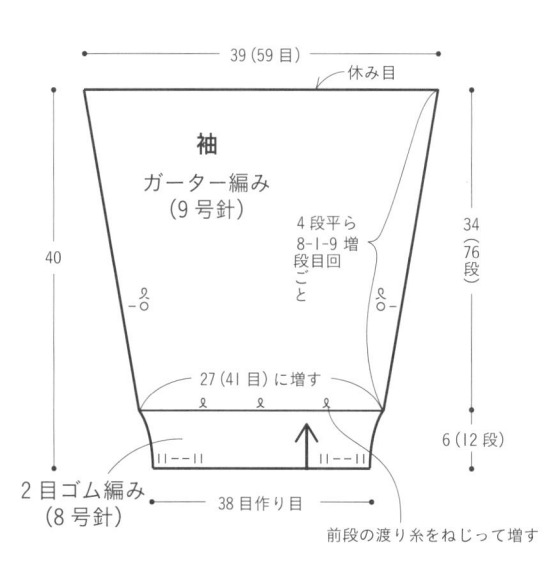

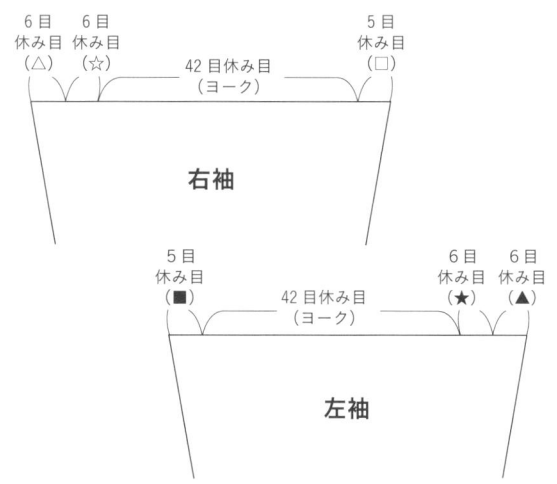

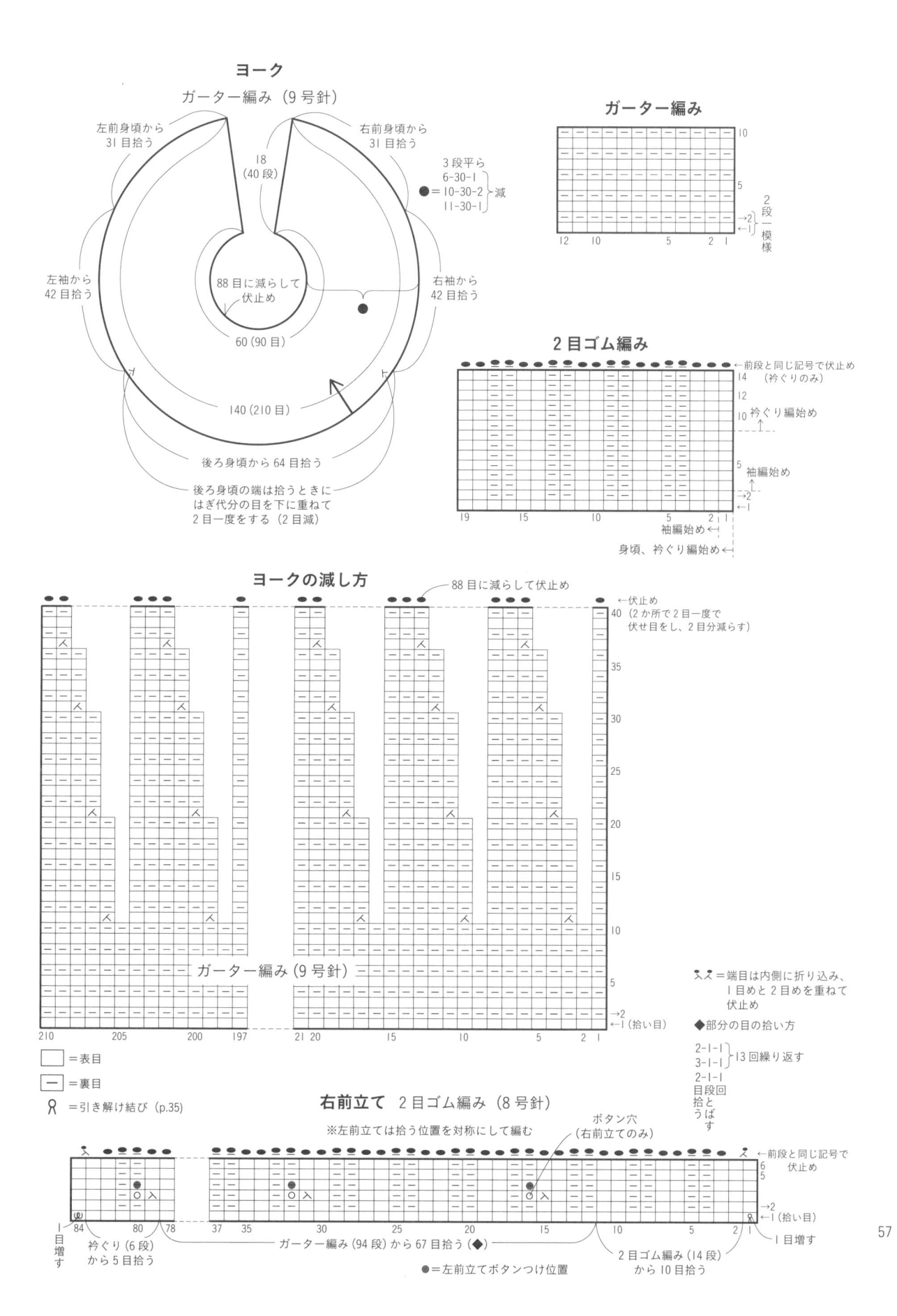

ヨーク

ガーター編み（9号針）

左前身頃から
31目拾う

右前身頃から
31目拾う

18
（40段）

3段平ら
6-30-1
● = 10-30-2 }減
11-30-1

左袖から
42目拾う

右袖から
42目拾う

88目に減らして
伏止め

60（90目）

140（210目）

後ろ身頃から64目拾う

後ろ身頃の端は拾うときに
はぎ代分の目を下に重ねて
2目一度をする（2目減）

ガーター編み

2
段
模
様

→2
←1

12   10   5   1

2目ゴム編み

←前段と同じ記号で伏止め
（衿ぐりのみ）
14

12

10 衿ぐり編始め
→1

5 袖編始め
→2
←1

19   15   10   5   2 1
袖編始め ←

身頃、衿ぐり編始め ←

ヨークの減し方

88目に減らして伏止め

←伏止め

40（2か所で2目一度で
伏せ目をし、2目分減らす）

35

30

25

20

15

10

5

ガーター編み（9号針）

→2
←1（拾い目）

210   205   200 197   21 20   15   10   5   2 1

□ ＝表目

− ＝裏目

R ＝引き解け結び（p.35）

↗↖＝端目は内側に折り込み、
1目めと2目めを重ねて
伏止め

◆部分の目の拾い方

2-1-1
3-1-1 }13回繰り返す
2-1-1
目段回
拾
と
う
ば
す

右前立て　2目ゴム編み（8号針）

※左前立ては拾う位置を対称にして編む

ボタン穴
（右前立てのみ）

←前段と同じ記号で
伏止め
6
5

→2
←1（拾い目）

1目増す

衿ぐり（6段）
から5目拾う

84   80 78   37 35   30   25   20   15   10   5   2 1

ガーター編み（94段）から67目拾う（◆）

●＝左前立てボタンつけ位置

2目ゴム編み（14段）
から10目拾う

1目増す

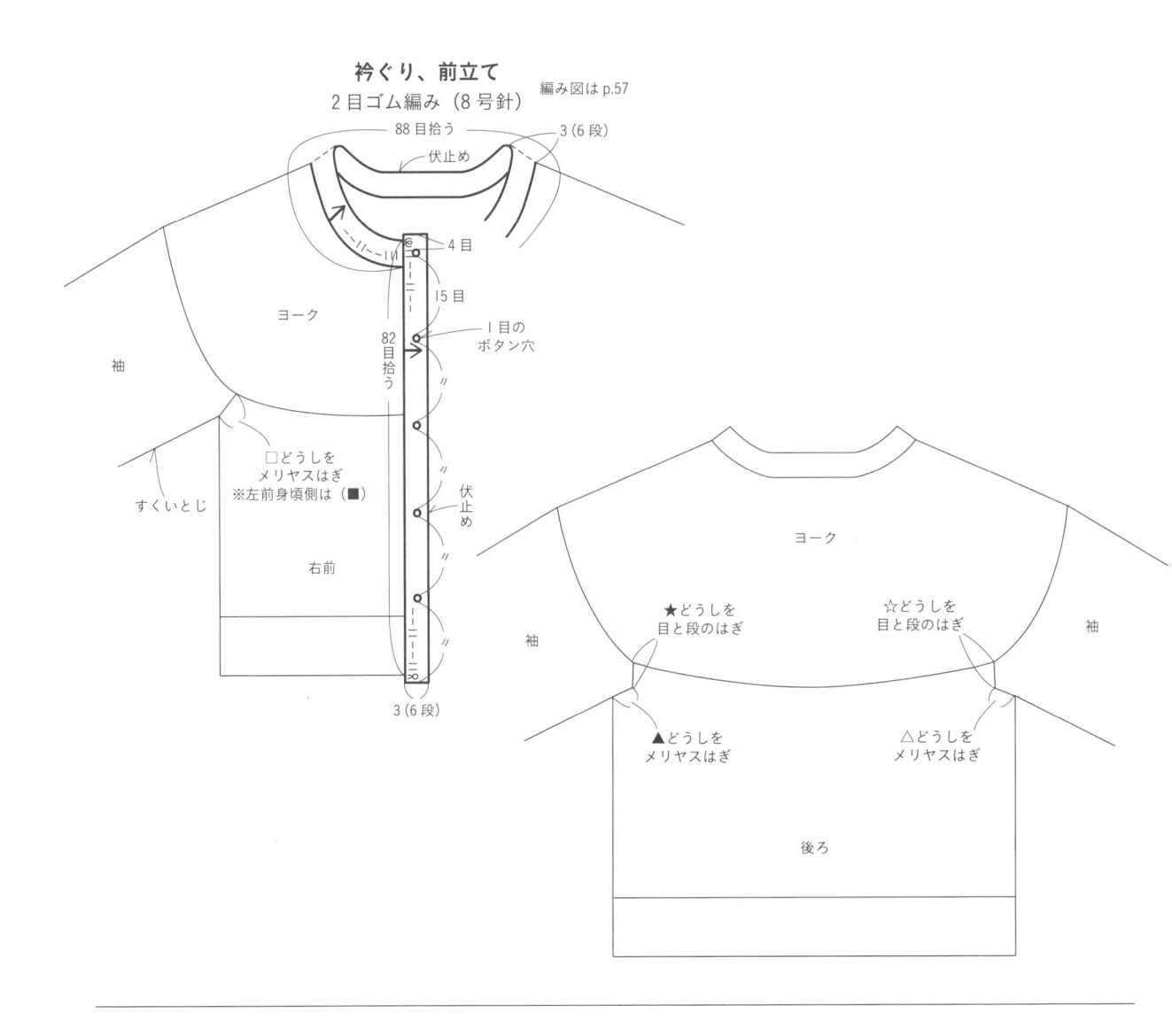

衿ぐり、前立て
2目ゴム編み（8号針）

編み図は p.57

88目拾う　3 (6段)
伏止め
4目
15目
82目拾う
1目のボタン穴
ヨーク
袖
すくいとじ
□どうしをメリヤスはぎ
※左前身頃側は（■）
右前
伏止め
3 (6段)

ヨーク
★どうしを目と段のはぎ
☆どうしを目と段のはぎ
袖
袖
▲どうしをメリヤスはぎ
△どうしをメリヤスはぎ
後ろ

---

p.8　あざみのカーディガン

材料　[パピー]ソフトドネガル 淡グレー(5229) 400g、ブリティッシュファイン 濃緑(034) 149g

用具　8号、7号80cm輪針

付属　直径2.6cmのボタン5個

ゲージ　編込み模様 18.5目20.5段が10cm四方

寸法　胸回り97.5cm、着丈56.5cm、袖丈49cm（ゆき丈70.5cm）

編み方　糸はソフトドネガルは1本どり、ブリティッシュファインは2本どりで指定の配色、指定の針の号数で編みます（輪針で往復に編みます）。

・前後身頃を編みます。

7号針で指で針にかける作り目で175目作り目をします。続けて1目ゴム編みで20段編みます。8号針に替えて編込み模様を増減なく50段編みます（編込みの詳しい編み方はp.38を参照）。袖下まちは別糸に通して休み目にし、右前身頃、左前身頃、後ろ身頃に分け、それぞれ衿ぐりで減し目しながら42段編みます（袖ぐりの1段め記号図の解説はp.35を参照）。

・袖を編みます。

7号針で指で針にかける作り目で50目作り目をします。続けて1目ゴム編みで16段編みます。8号針に替えて編込み模様を編みます。模様編みの1段めで増し目をします。袖下の増し目をしながら86段編みます。

・仕上げます。

肩を引抜きはぎします。衿ぐりを拾い目をして7号針で1目ゴム編みで8段編み、1目ゴム編み止めで止めます。左右の前端から拾い目をし、7号針で1目ゴム編みを8段編み、1目ゴム編み止めで止めます。右前立てはボタン穴をあけて編みます。袖下をすくいとじします。身頃と袖、袖下まちを目と段のはぎではぎます。左前立てにボタンをつけます。

ポイント　渡り糸が長くなる場所は、適宜編みくるみます。編込み模様の両端の目は、1目内側と同じ色で編むと、その後の作業（拾い目・すくいとじ等）がしやすくなります。

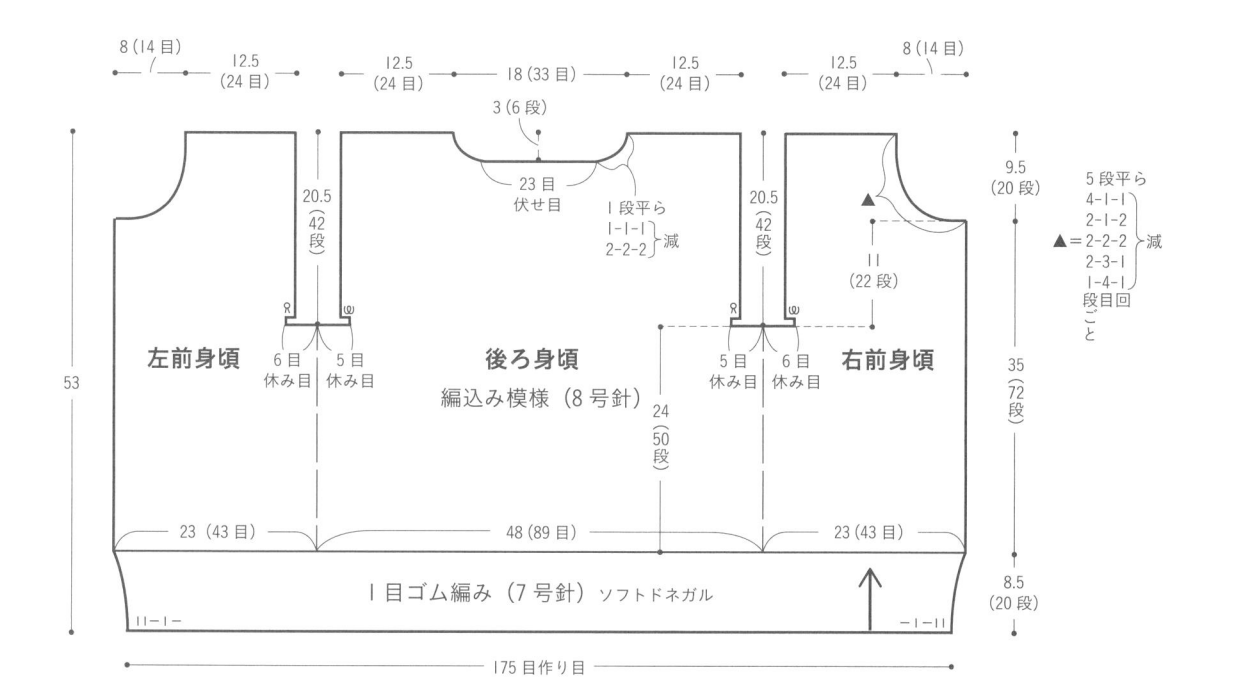

左前身頃

後ろ身頃
編込み模様（8号針）

右前身頃

1目ゴム編み（7号針）ソフトドネガル

8（14目）
12.5（24目）
12.5（24目）
18（33目）
12.5（24目）
12.5（24目）
8（14目）

3（6段）

23目
伏せ目

1段平ら
1-1-1
2-2-2 }減

20.5（42段）

6目
休み目
5目
休み目

5目
休み目
6目
休み目

24（50段）

20.5（42段）

11（22段）

9.5（20段）

5段平ら
4-1-1
2-1-2 }
▲＝2-2-2
2-3-1
1-4-1 }減
段目回
ごと

35（72段）

53

23（43目）
48（89目）
23（43目）

8.5（20段）

—1—1—
—1—11

175 目作り目

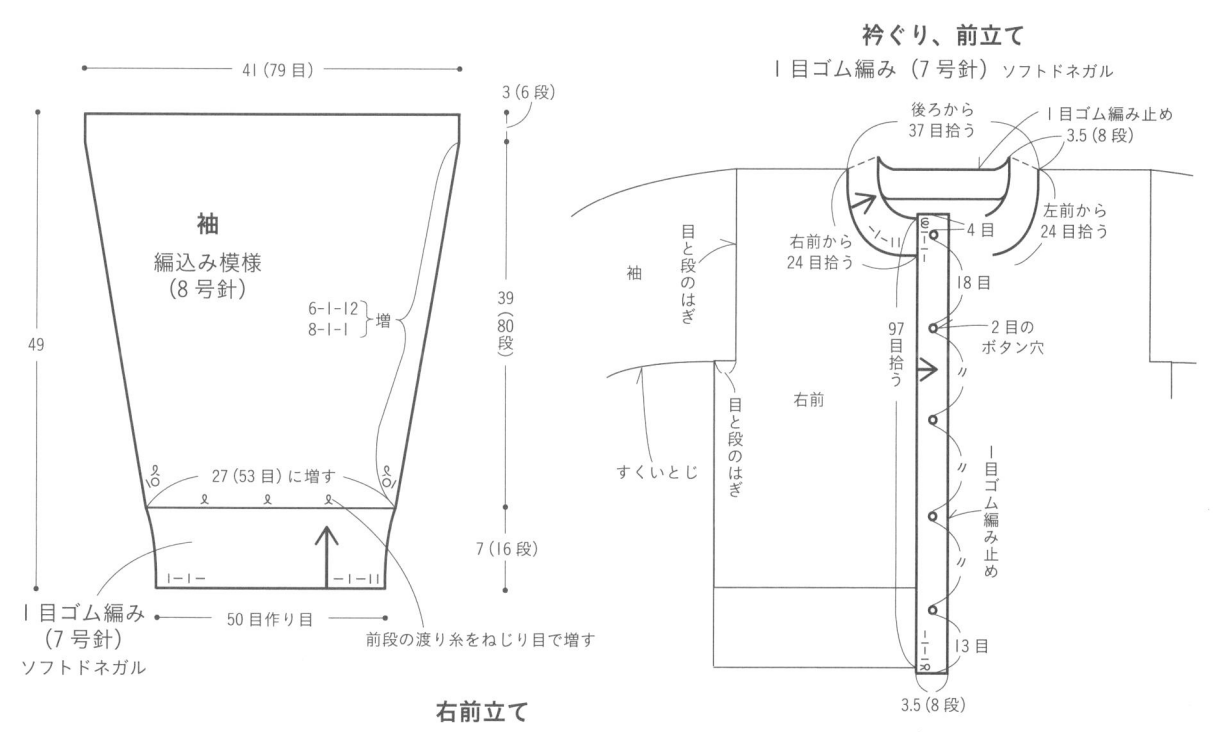

袖
編込み模様
（8号針）

41（79目）

3（6段）

6-1-12
8-1-1 }増

39（80段）

49

27（53目）に増す

7（16段）

1目ゴム編み
（7号針）
ソフトドネガル

50 目作り目

—1—1—
—1—11

前段の渡り糸をねじり目で増す

衿ぐり、前立て
1目ゴム編み（7号針）ソフトドネガル

後ろから
37目拾う

1目ゴム編み止め
3.5（8段）

袖

目と段
のはぎ

右前から
24目拾う

—1—11

4目

左前から
24目拾う

18目

97目拾う

2目の
ボタン穴

すくいとじ

目と段
のはぎ

右前

1目
ゴム
編み
止め

—1—18

13目

3.5（8段）

右前立て
1目ゴム編み（7号針）

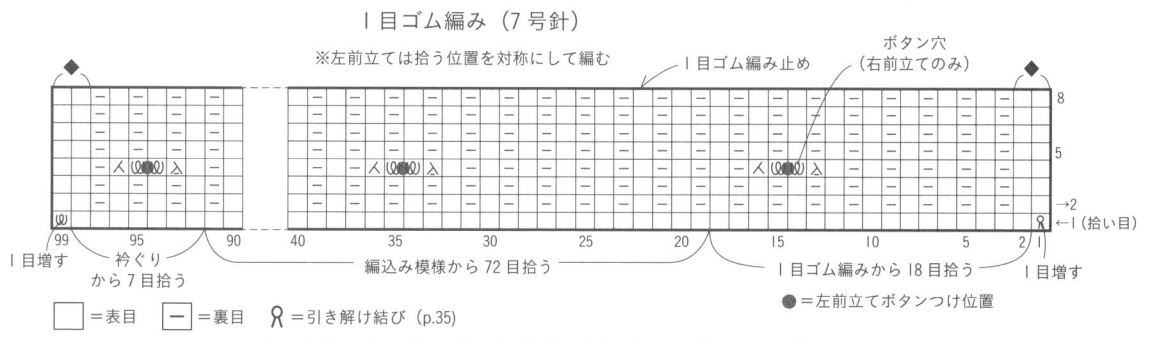

※左前立ては拾う位置を対称にして編む

1目ゴム編み止め

ボタン穴
（右前立てのみ）

8

5

→2
←1（拾い目）

99
95 衿ぐり
から7目拾う
90
40
35
30
25
20
15
10
5
2 1

1目増す
編込み模様から72目拾う
1目ゴム編みから18目拾う
1目増す

●＝左前立てボタンつけ位置

□＝表目　　—＝裏目　　♀＝引き解け結び（p.35）

◆＝ゴム編み止めの時、端の1目は内側に折り込み、1目めと2目めを重ねて止める

編込み模様

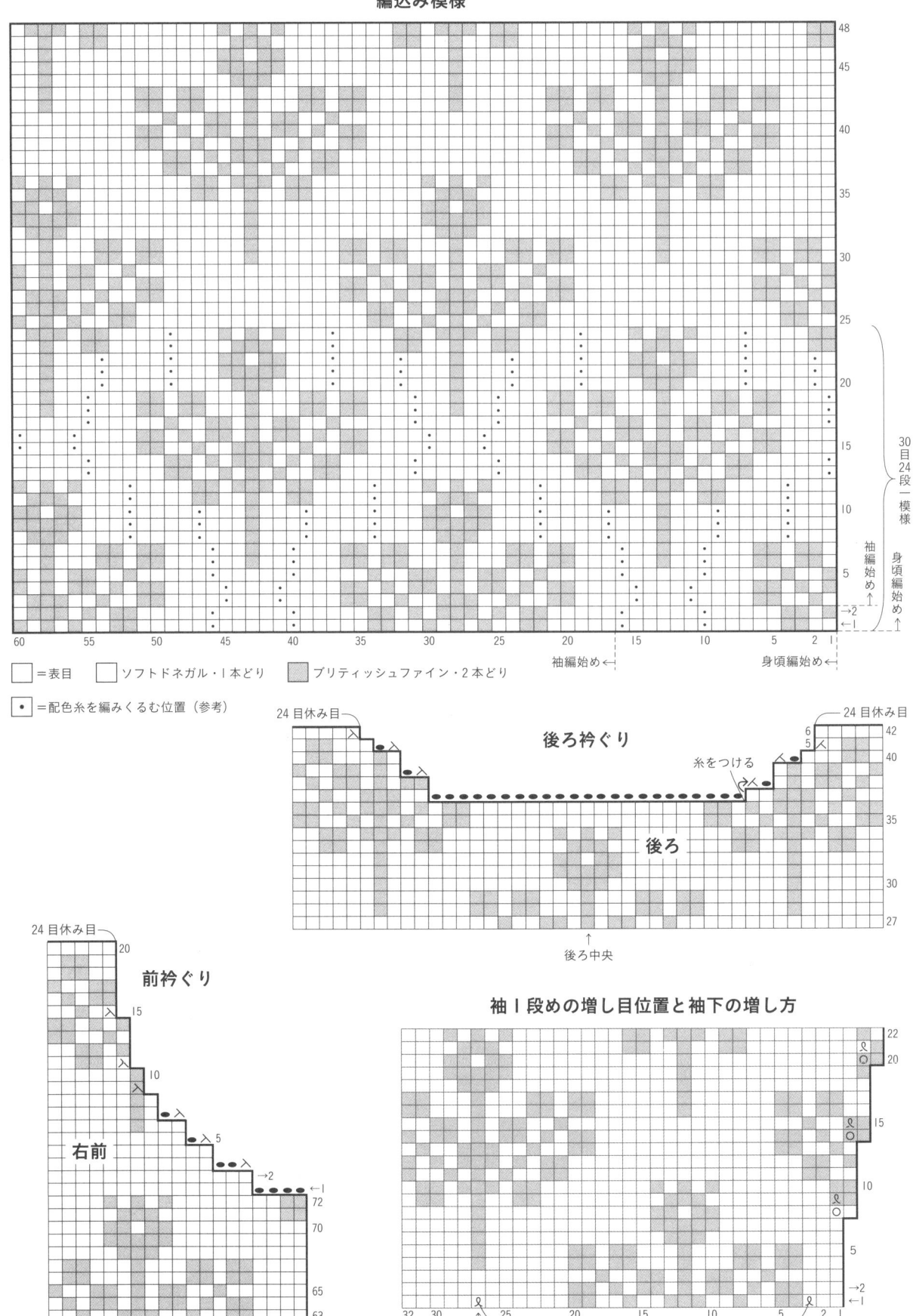

□ ＝表目　□ ソフトドネガル・1本どり　■ ＝ブリティッシュファイン・2本どり

・ ＝配色糸を編みくるむ位置（参考）

後ろ衿ぐり

24 目休み目

糸をつける

後ろ

後ろ中央

前衿ぐり

24 目休み目

右前

袖1段めの増し目位置と袖下の増し方

袖中央　前段の渡り糸をねじって増す

60

材料　[ハマナカ]ソノモノツィード グレーベージュ(72)480g
用具　6号、5号2本棒針
付属　2.1×1.8㎝楕円のボタン6個
ゲージ　模様編みA 21目が7.5㎝、27段が10㎝
　　　　模様編みB 12目が4.5㎝、27段が10㎝
　　　　模様編みC 21目27段が10㎝四方
　　　　模様編みD、D' 7目が2.5㎝、27段が10㎝
寸法　胸回り97㎝、着丈61㎝、背肩幅36㎝、袖丈55㎝

編み方　糸は1本どりで指定の針の号数で編みます。
・後ろ身頃を編みます。
6号針で指で針にかける作り目で115目作り目をします。続け
て1目ゴム編み、模様編みB、D、D'で36段編みます。模様
編みC、B、A、D、D'で脇を増やしながら64段編みます。袖
ぐりを減らしながら52段編みます。肩は引返しをし、休み目
にします。衿ぐりは伏せ目をして減らしながら編みます。
・前身頃を編みます。
6号針で指で針にかける作り目で54目作り目をします。

続けて1目ゴム編み、模様編みD'(左前身頃はD)、Bで36段
編みます。模様編みD'(左前身頃はD)、A、B、Cで脇を増や
しながら64段編みます。袖ぐりを減らしながら52段編みます。
肩は引返しをし、休み目にします。衿ぐりは伏せ目をして減ら
しながら編みます。
・袖を編みます。
6号針で指で針にかける作り目で69目作り目をします。続け
て1目ゴム編み、模様編みBで36段編みます。模様編みC、B、
Aで袖下を増しながら80段編みます。続けて袖山を減らしな
がら34段編みます。最後は伏止めをします。
・仕上げます。
肩を引抜きはぎします。衿ぐりを拾い目をして5号針で1目ゴ
ム編みで8段編み、1目ゴム編み止めで止めます。左右の前端
から拾い目をし、5号針で1目ゴム編みを8段編み、1目ゴム
編み止めで止めます。右前立てはボタン穴をあけて編みます。
脇と袖下をすくいとじします。袖山と袖ぐりを引抜きとじしま
す。左前立てにボタンをつけます。

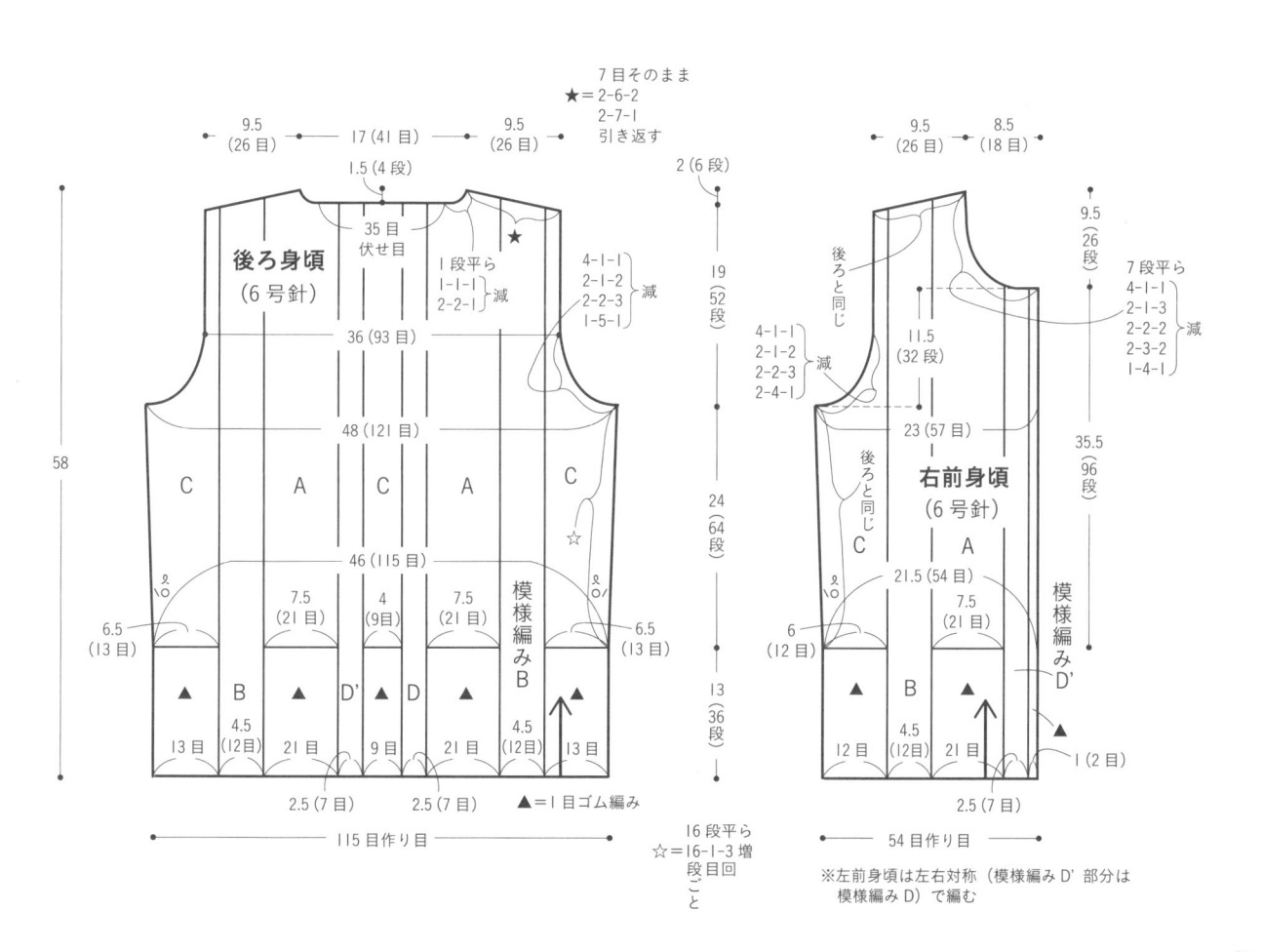

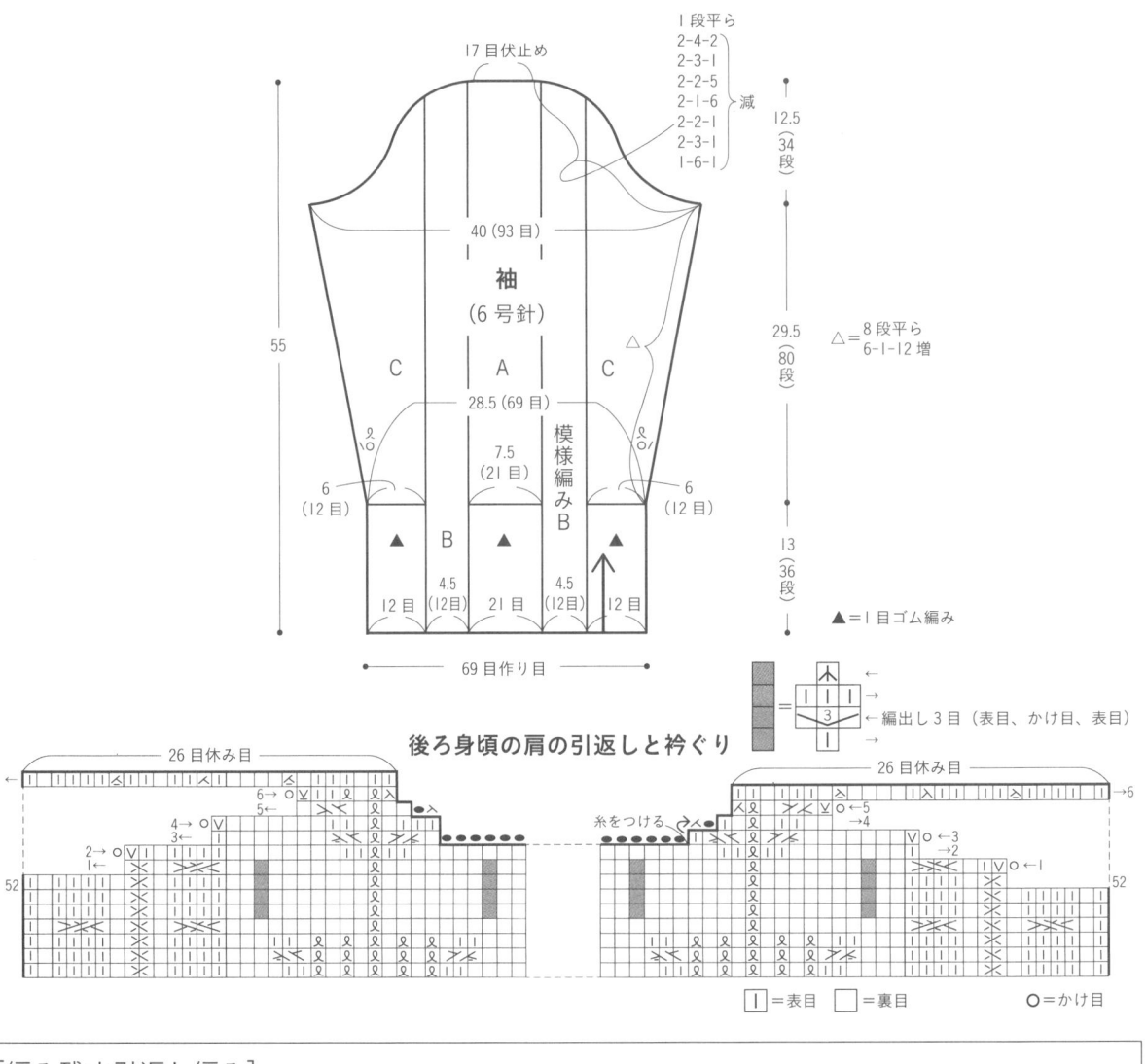

17目伏止め

1段平ら
2-4-2
2-3-1
2-2-5
2-1-6
2-2-1 減
2-3-1
1-6-1

12.5
(34段)

40 (93目)

袖
(6号針)

55

C A C

△ = 8段平ら
6-1-12 増

29.5
(80段)

28.5 (69目)

7.5
(21目)

模様
編み
B

6
(12目)

6
(12目)

▲ B ▲ ▲

13
(36段)

12目　4.5(12目)　21目　4.5(12目)　12目

▲=1目ゴム編み

69目作り目

= | | | 人 | | | | 3 | | | 編出し3目（表目、かけ目、表目）

後ろ身頃の肩の引返しと衿ぐり

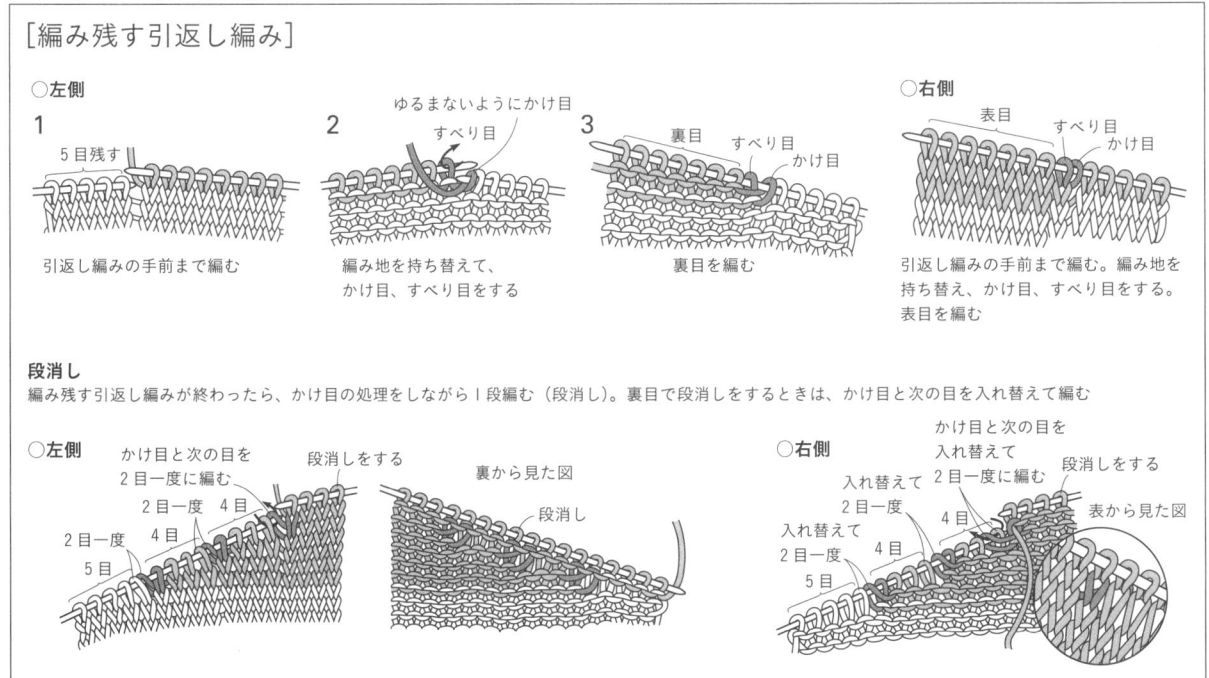

26目休み目　　26目休み目

糸をつける

52　52

| I | =表目　□ =裏目　　　○ =かけ目

［編み残す引返し編み］

○左側

1
5目残す
引返し編みの手前まで編む

2
ゆるまないようにかけ目
すべり目
編み地を持ち替えて、かけ目、すべり目をする

3
裏目　すべり目　かけ目
裏目を編む

○右側
表目　すべり目　かけ目
引返し編みの手前まで編む。編み地を持ち替え、かけ目、すべり目をする。表目を編む

段消し
編み残す引返し編みが終わったら、かけ目の処理をしながら1段編む（段消し）。裏目で段消しをするときは、かけ目と次の目を入れ替えて編む

○左側
かけ目と次の目を2目一度に編む　段消しをする
2目一度　4目
2目一度　4目
5目

裏から見た図
段消し

○右側
かけ目と次の目を入れ替えて　段消しをする
入れ替えて2目一度に編む
入れ替えて　4目
2目一度　4目
5目

表から見た図

模様編み

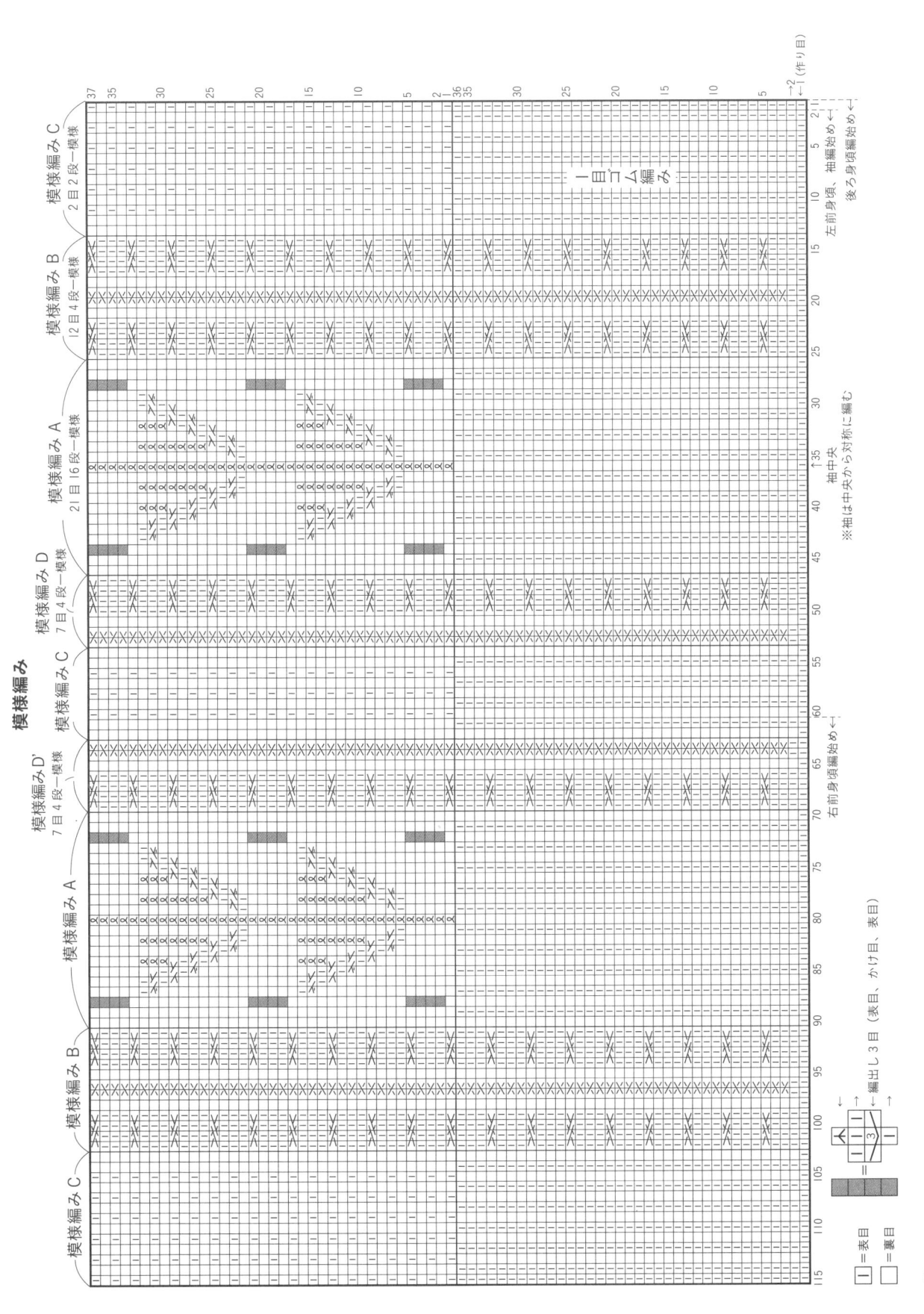

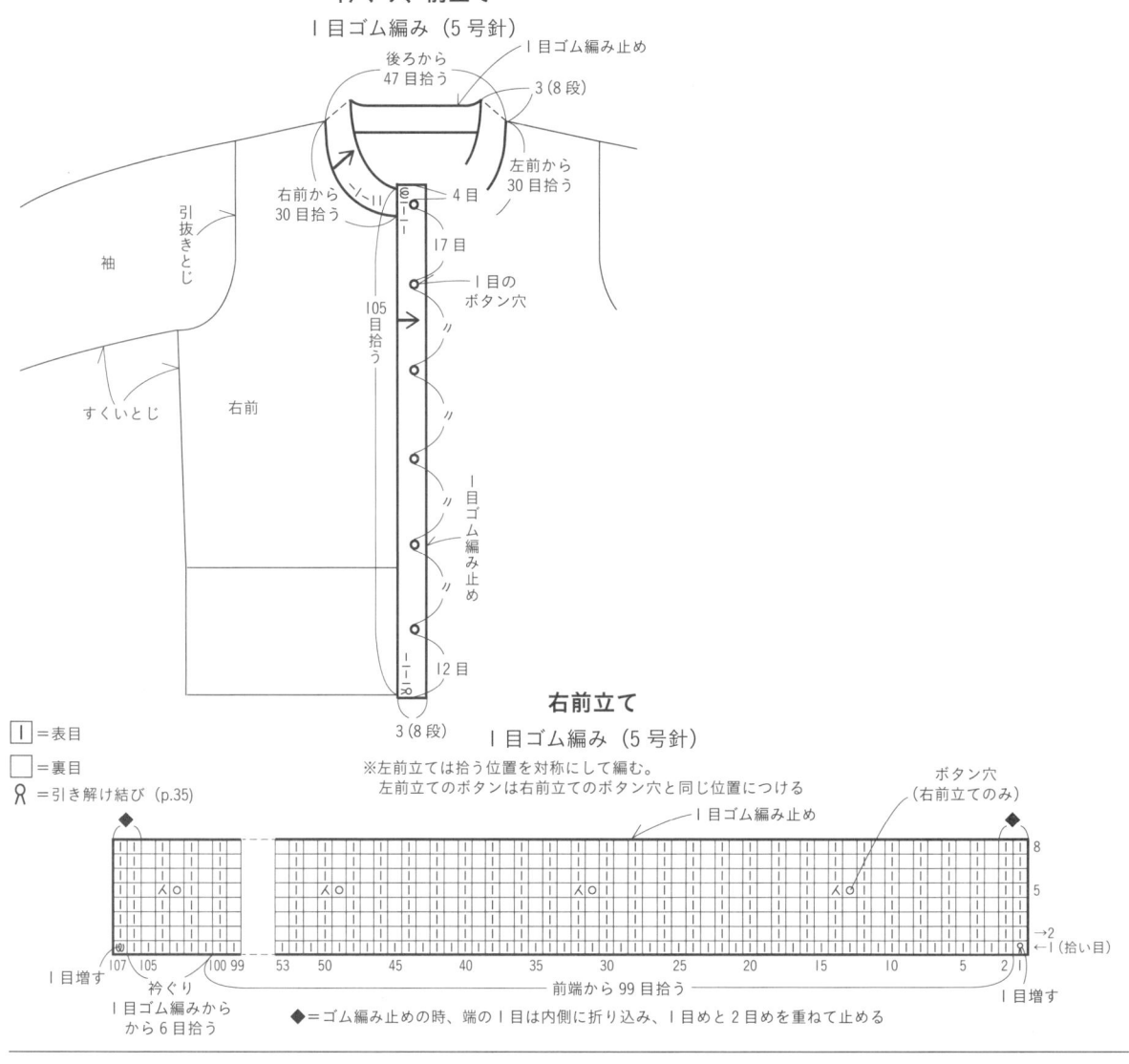

衿ぐり、前立て

1目ゴム編み（5号針）

I＝表目
□＝裏目
Ω＝引き解け結び（p.35）

右前立て

1目ゴム編み（5号針）

※左前立ては拾う位置を対称にして編む。
左前立てのボタンは右前立てのボタン穴と同じ位置につける

◆＝ゴム編み止めの時、端の1目は内側に折り込み、1目めと2目めを重ねて止める

---

p.24　さんかくバッグ

<u>材料</u>　[DARUMA]シェットランドウール チョコレート（3）40g、
オートミール（2）8g、ミント（7）8g
<u>用具</u>　6号、5号40cm輪針
<u>付属</u>　内袋用布 茶色の木綿23×60cm
　　　持ち手用革 幅1×30cm
　　　直径1cmのスナップ 1組み
　　　手縫い糸
<u>ゲージ</u>　編込み模様 23.5目25段が10cm四方
　　　メリヤス編み 23.5目26.5段が10cm四方
<u>寸法</u>　幅21cm、丈27.5cm（持ち手含まず）

<u>編み方</u>　糸は1本どり、指定の配色、針の号数で編みます。
・本体を編みます。
5号針、チョコレートの糸で別鎖の裏山を拾う作り目で100目作り目をし、輪にします。続けてメリヤス編みで20段編みます。
6号針に替え、編込み模様を31段編みます。5号針に替え、チョコレートの糸で続けてメリヤス編みで20段編み、編終りは伏止めをします。
・編み地をはぎます。
編み地を中表にし、作り目の別鎖をほどき、目を拾います。
50目ずつに分け、編み地を二つ折りにし、チョコレートの糸で引抜きはぎではぎます。
・内袋を縫い、仕立てます。
内袋を縫い、入れ口の内側にスナップを縫いつけます。編み地の中に内袋を中表に入れ、入れ口をまつりつけます。持ち手の革に穴をあけ、両端に縫いつけます。

本体

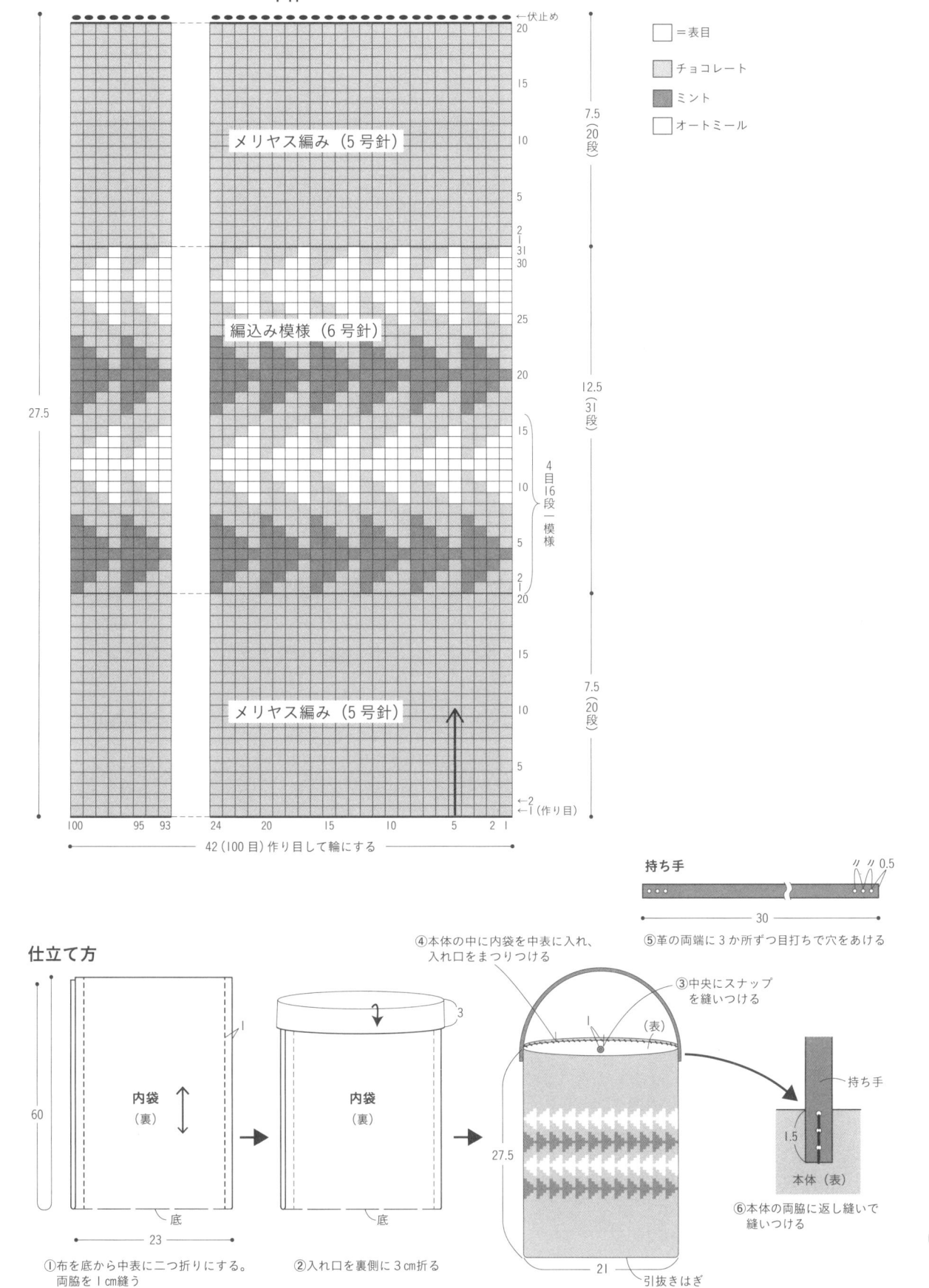

←伏止め

□ ＝表目
▨ チョコレート
▨ ミント
□ オートミール

20
15
メリヤス編み（5号針）
10
5
2
1

7.5（20段）

31
30
25
編込み模様（6号針）
20
15
10
5
2
1

12.5（31段）

4目16段一模様

20
15
10
5
メリヤス編み（5号針）
←2
←1（作り目）

7.5（20段）

27.5

100　95　93　24　20　15　10　5　2　1

42（100目）作り目して輪にする

持ち手

〃〃0.5

30

⑤革の両端に3か所ずつ目打ちで穴をあける

仕立て方

60

内袋（裏）
①布を底から中表に二つ折りにする。両脇を1cm縫う
23
底

内袋（裏）
②入れ口を裏側に3cm折る
3
底

④本体の中に内袋を中表に入れ、入れ口をまつりつける
③中央にスナップを縫いつける
（表）
27.5
21
引抜きはぎ

⑥本体の両脇に返し縫いで縫いつける
持ち手
1.5
本体（表）

65

材料　[DARUMA] LOOP きなり（1）297g、スーパーウォッシュメリノ きなり（1）124g

用具　13号60cm輪針

ゲージ　メリヤス編み（LOOP）12.5目16段が10cm四方
　　　　模様編み 13目20段が10cm四方

寸法　胸回り97cm、着丈55.5cm、袖丈52cm（ゆき丈72cm）

編み方　糸はLOOPは1本どり、スーパーウォッシュメリノ（以降メリノ）は2本どりで指定の配色で編みます（輪針で往復に編みます）。

・前後身頃を編みます。

LOOPで指で針にかける作り目で65目作り目をします。続けてメリヤス編みで30段、模様編みで36段編みます（模様編みの編み方はp.40を参照）。袖下まちは別糸に通して休み目にし、続けて模様編みで21段、LOOPでメリヤス編みを13段編み、

肩は休み目にして衿を続けて12段編みます（袖ぐり、衿の1段め記号図の解説はp.35を参照）。最後は伏止めをします。同じものを2枚編みます。

・袖を編みます。

肩は引抜きはぎし、袖ぐりからLOOPで46目拾い目をし、両端で1目ずつ増し目をします（p.35参照）。メリヤス編みを8段編み、模様編みで袖下の減し目をしながら30段編みます。続けて模様編みで39段編み、LOOPでメリヤス編みを20段編みます。最後は伏止めをします。

・仕上げます。

衿の両脇、袖下をすくいとじします。脇はスリット止りまですくいとじします。袖下まちを目と段のはぎではぎます。

ポイント　すくいとじの糸は、メリノ2本どりを使ってください（ストレートヤーンなのでスムーズにとじられます）。糸始末の時、LOOPは糸端を引いてループを平らにすると、やりやすいです。

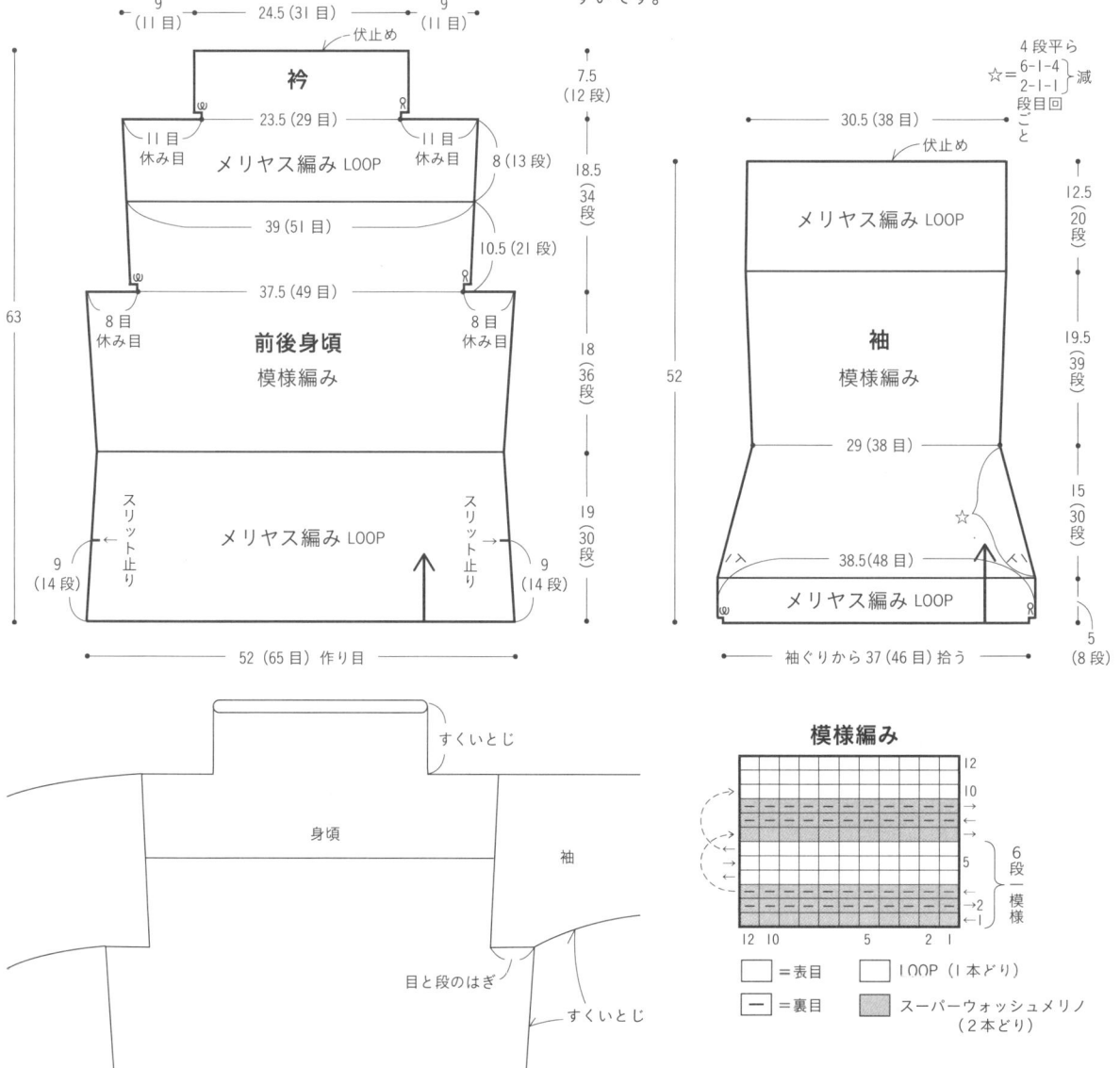

材料　[オステルヨートランド羊毛紡績]ヴィシュ　白(1)398g
用具　6号80cm輪針
ゲージ　模様編みA　23目40段が10cm四方
　　　　模様編みB　23目が10cm、24段が6cm
　　　　模様編みC　23目が10cm、6段が1.5cm
　　　　ガーター編み　21目42段が10cm四方
寸法　幅約160cm、丈約82cm

編み方　糸は1本どりで編みます(輪針で往復に編みます)。
指で針にかける作り目で531目作り目をします。

続けて模様編みAで44段、模様編みBで24段、模様編みCで6段、ガーター編みで162段編みますが、中央と左右の4か所で減らしながら編みます。模様編みCはそれ以外に1段めで60目減らします(p.68、69記号図参照)。

最終段で残った目を5目と6目で針に分け、中表にして引抜きはぎではぎます。最後1目残るのでこの部分は3目一度で引き抜きます。

ポイント　奇数段の2目一度は模様編み(の一部)、偶数段の2目一度は減し目になります。

仕上げはスチームアイロンをかけて、形を整えます。

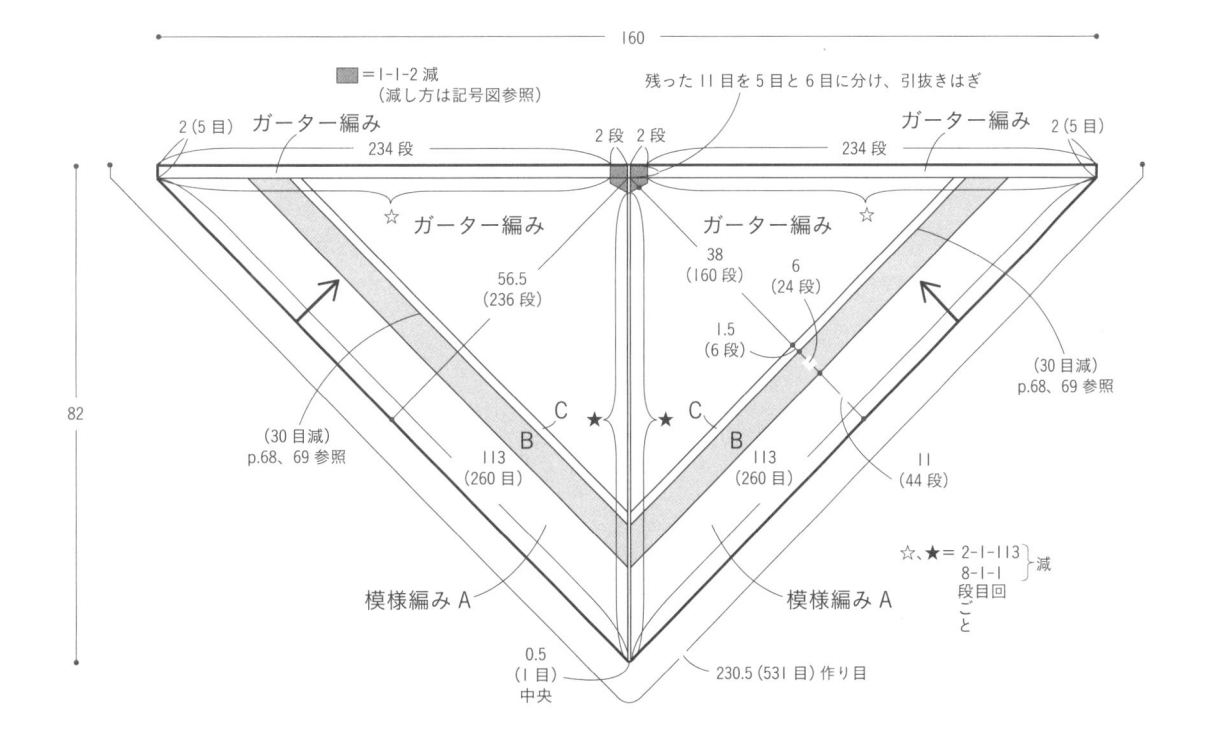

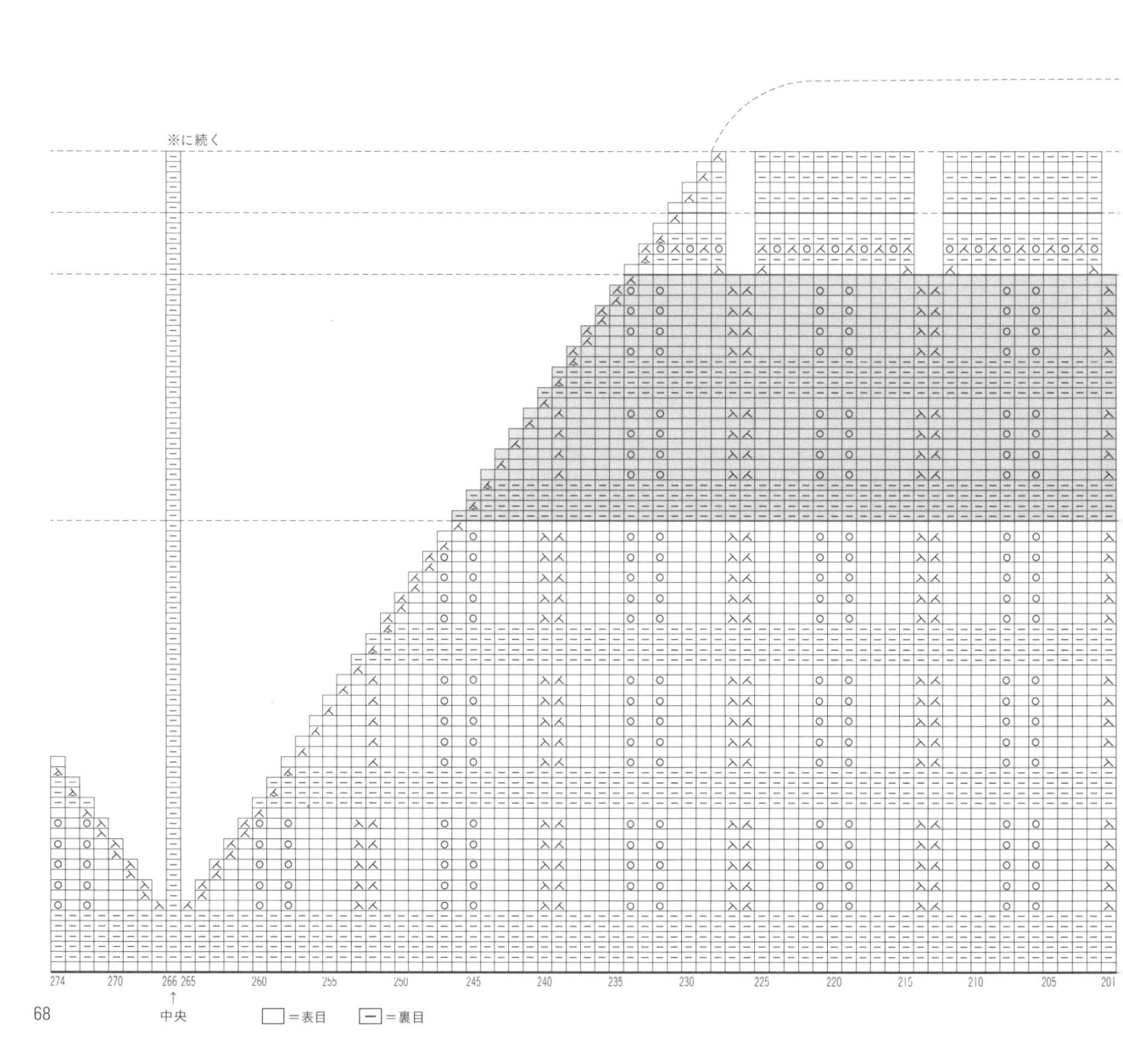

※に続く

中央

☐ =表目　　— =裏目

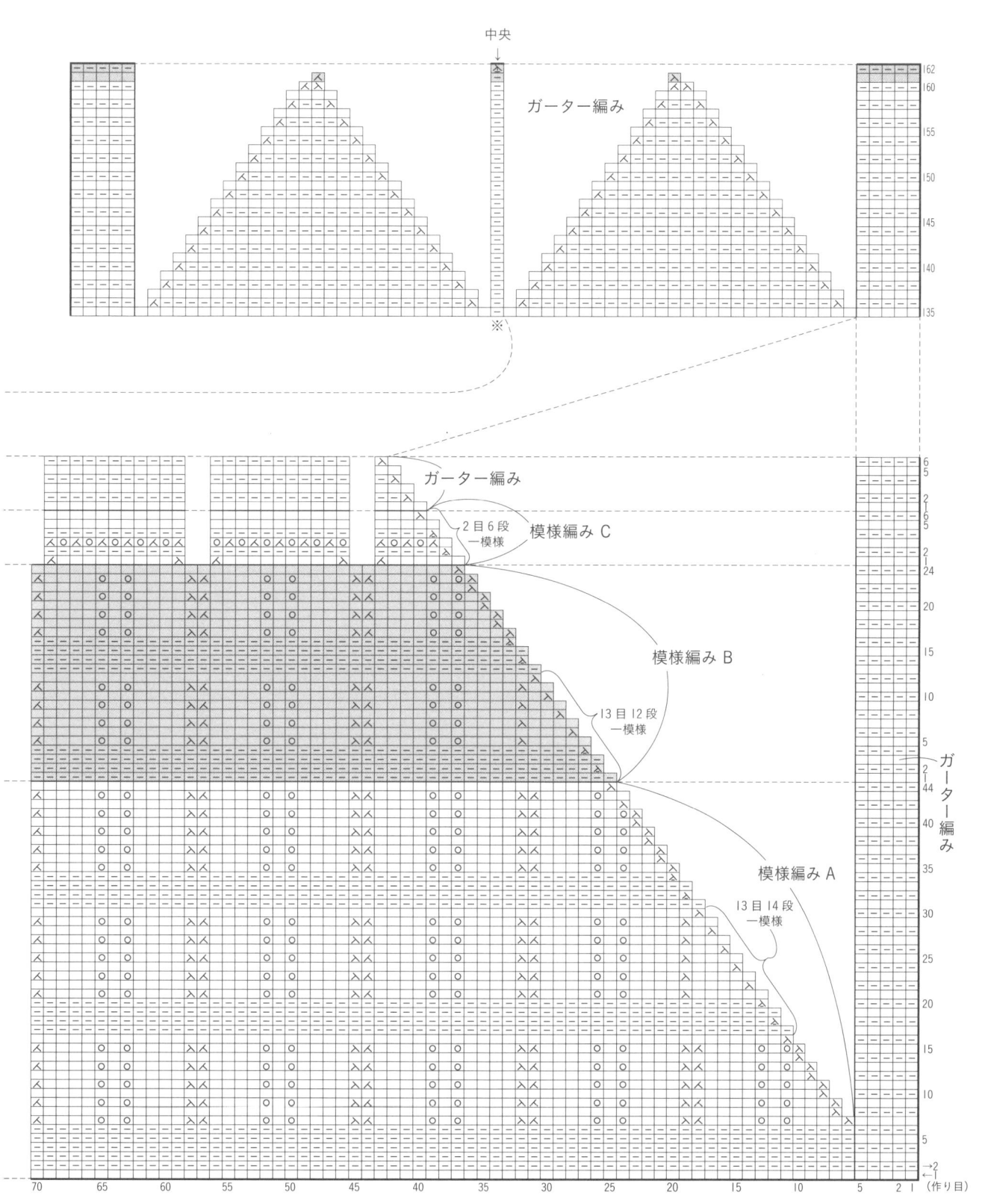

中央

ガーター編み

ガーター編み

模様編み C

2目6段
一模様

模様編み B

13目12段
一模様

模様編み A

13目14段
一模様

材料　[DARUMA]スーパーウォッシュ
メリノ　きなり(1) 94g

用具　0号、1号短5本棒針

ゲージ　メリヤス編み 30目36段が10
　　　　cm四方
　　　　模様編み 35目35段が10cm四方

寸法　足底21cm、はき丈25cm（足のサ
イズは23.5cm用）

編み方　糸は1本どり、針は指定の号数
で編みます。

・はき口、足首を編みます。

0号針で指で針にかける作り目で78目
作り目をし、輪にします。続けて1目ゴ
ム編みで14段編みます。1号針に替え、
模様編みを56段編みます。57段めで
66目に減らします。

・かかとを編みます（p.36参照）。

甲側を32目休み目にし、かかと・上を
往復で20段編みます。続けてかかと・
底をかかと・上の目を拾いながら減らし、
往復で18段編みます。

・底側、甲側を編みます（p.36参照）。

底側はかかと・上の両脇から拾い、甲側
は休み目から拾います。記号図のように
減らしながらメリヤス編みを輪に40段
編みます。

・つま先を編みます。

記号図のように減らしながらメリヤス編
みで輪に19段編みます。最終段の10目
に糸を2回通して絞ります。

同様にもう1足編みます。

ポイント　・足底のサイズ調整について。
この糸で編む靴下は、実際の足底サイズ
よりも2〜2.5cmくらい小さめに作ると、
フィット感がいいように思います。甲と
底側の増減なく編む部分で、段数を調整
してください。

・はき口がゆるくなったら、ゴムカタン
糸を通してもいいでしょう。

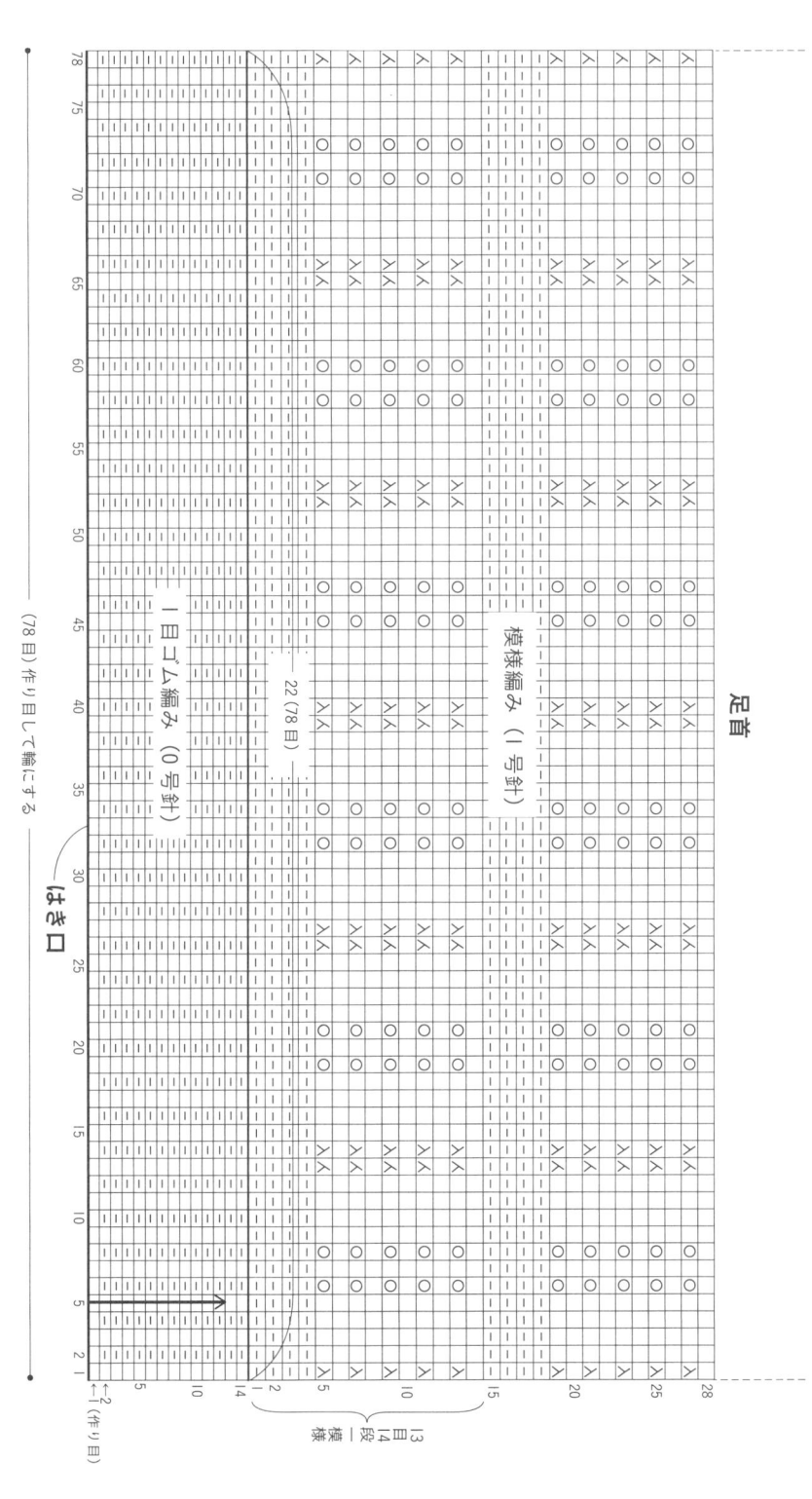

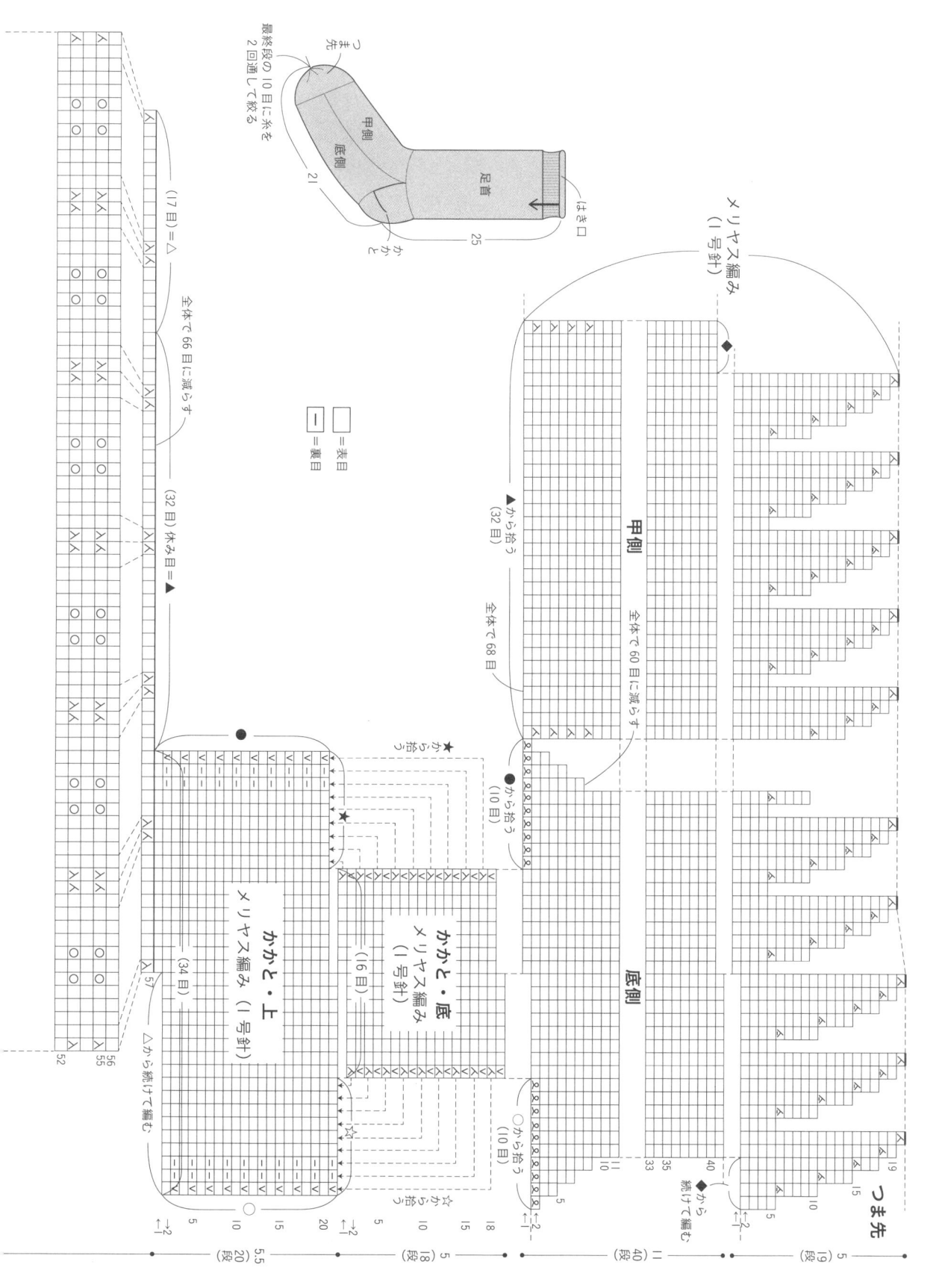

<u>材料</u>　[Jamieson's Spinning (Shetland)]スピンドリフト
瞬き 赤みのあるベージュ(141 / Camel) 12g、黄色(400 / Mimosa) 7g
ハナウタ 緑(800 / Tartan) 12g、生成り(104 / Natural White) 7g
雪華 紺(727 / Admiral Navy) 12g、赤(500 / Scarlet) 7g
<u>用具</u>　4号短5本棒針、4/0号かぎ針
<u>ゲージ</u>　瞬き、雪華 編込み模様 30目31段が10cm四方
　　　　ハナウタ 編込み模様 28目31段が10cm四方
<u>寸法</u>　瞬き 幅11.5cm、丈16.5cm
　　　　ハナウタ 幅13cm、丈16.5cm
　　　　雪華 幅12cm、丈15cm

<u>編み方</u>　糸は1本どりで指定の配色で編みます。
地糸で別鎖の裏山を拾う作り目(雪華、ハナウタは72目、瞬きは70目)
で作り目をし、輪にします。
続けて編込み模様を編みます(雪華は47段、瞬き、ハナウタは51段)。
編み終わったら最終段の目を別糸に通し、休ませます。
編み地を中表にし、作り目の別鎖をほどき、目を拾います。目数を半分
ずつ(瞬きは35目、雪華、ハナウタは36目)針に分け、編み地を二つ折
りにし、地糸で引抜きはぎではぎます。表に返し、最終段で休ませてお
いた目を半分ずつ(瞬きは35目、雪華、ハナウタは36目)針に分け、編
み地を二つ折りにし、表側から地糸で引抜きはぎではぎます。
続けてかぎ針で鎖編みを20目編み、ループを作ります(作り方は図の③
を参照)。編終りを輪にとじつけます。

<u>ポイント</u>　編込み模様の裏に渡る糸が長い箇所は適宜編みくるんでくだ
さい(p.38参照)。

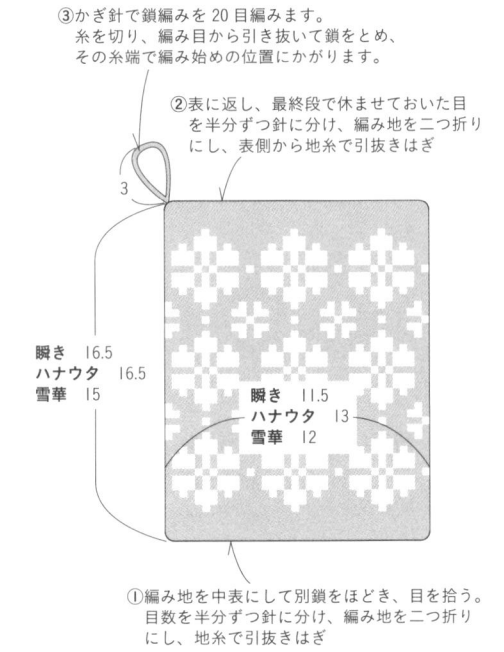

③かぎ針で鎖編みを20目編みます。
糸を切り、編み目から引き抜いて鎖をとめ、
その糸端で編み始めの位置にかがります。

②表に返し、最終段で休ませておいた目
を半分ずつ針に分け、編み地を二つ折り
にし、表側から地糸で引抜きはぎ

瞬き　16.5
ハナウタ　16.5
雪華　15

瞬き　11.5
ハナウタ　13
雪華　12

①編み地を中表にして別鎖をほどき、目を拾う。
目数を半分ずつ針に分け、編み地を二つ折り
にし、地糸で引抜きはぎ

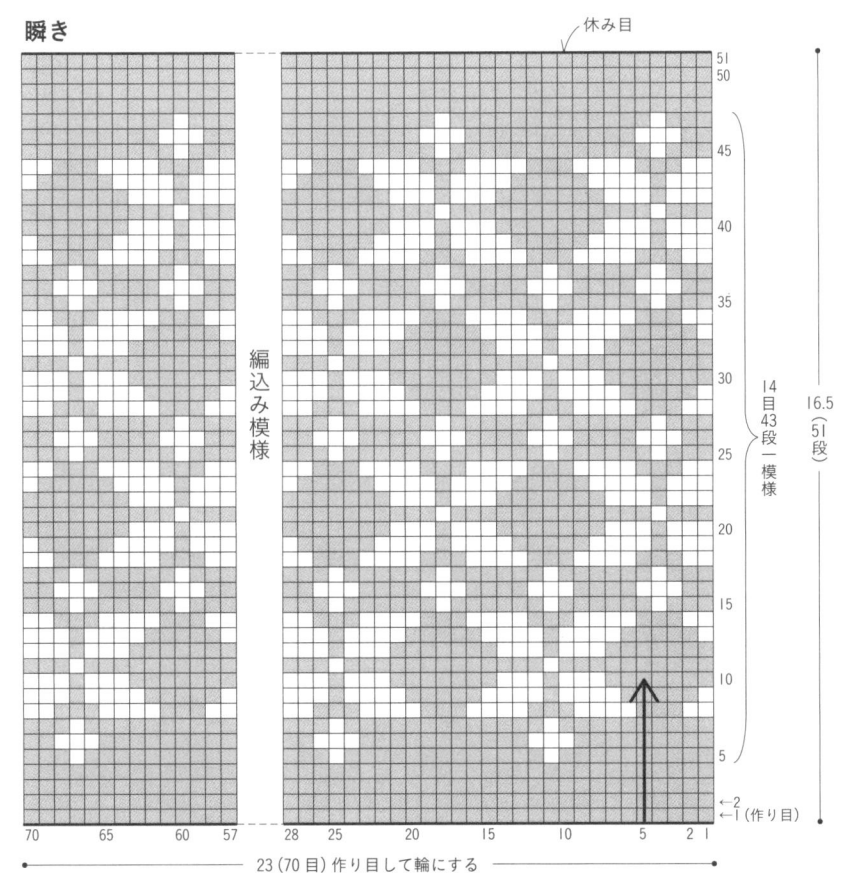

瞬き

休み目

編込み模様

14目43段一模様

16.5(51段)

51 50 45 40 35 30 25 20 15 10 5

←2
←1 (作り目)

□ =表目
□ 赤みのあるベージュ(地糸)
□ 黄色(配色糸)

70　65　60　57　　28　25　20　15　10　5　2 1

← 23 (70目) 作り目して輪にする →

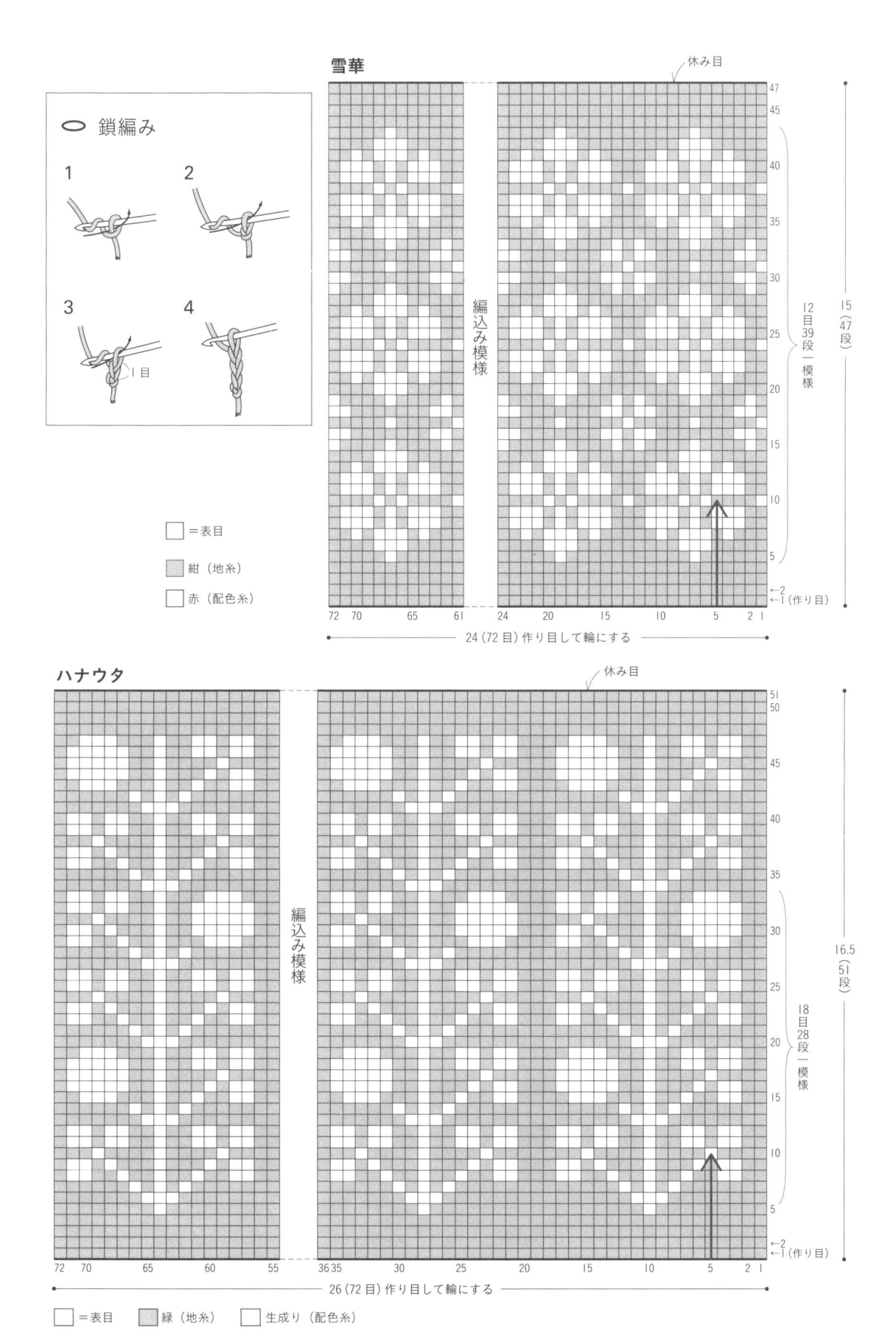

○ 鎖編み

1 2 3 4

I目

□＝表目

紺（地糸）

赤（配色糸）

雪華

休み目

編込み模様

12目39段一模様

15（47段）

72 70 65 61　24 20 15 10 5 2 1

←2
←1（作り目）

24（72目）作り目して輪にする

ハナウタ

休み目

編込み模様

18目28段一模様

16.5（51段）

72 70 65 60 55　36 35 30 25 20 15 10 5 2 1

←2
←1（作り目）

26（72目）作り目して輪にする

□＝表目　緑（地糸）　生成り（配色糸）

材料　[DARUMA]シェットランドウール グレー(8) 30g、
ネイビー(5) 20g、きなり(1) 5g、マリンブルー(11) 5g
用具　5号短5本棒針、40cm輪針、4号40cm輪針
ゲージ　編込み模様 24目26段が10cm四方
寸法　頭回り50cm、深さ21cm

編み方　糸は1本どり、指定の配色、針の号数で編みます。
4号針、ネイビーの糸で指で針にかける作り目で120目作り目
をし、輪にします。
続けて2目ゴム編みで3段、4段めからグレーの糸で8段まで
編みます。
5号針に替え、編込み模様を44段編みます。
続けてグレーの糸で減し目をしながら3段編みます。最終段の
15目に糸を2回通し、絞ります。

ポイント　頭回り56cmのところ、かぶった時のフィット感が
いいように、小さめに仕上げています。

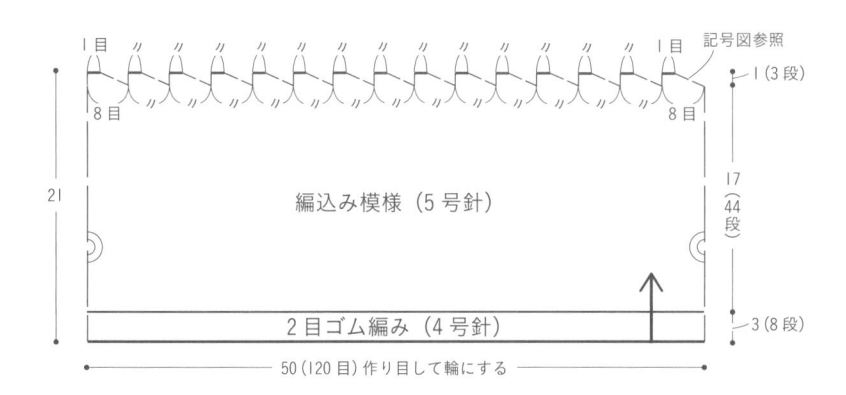

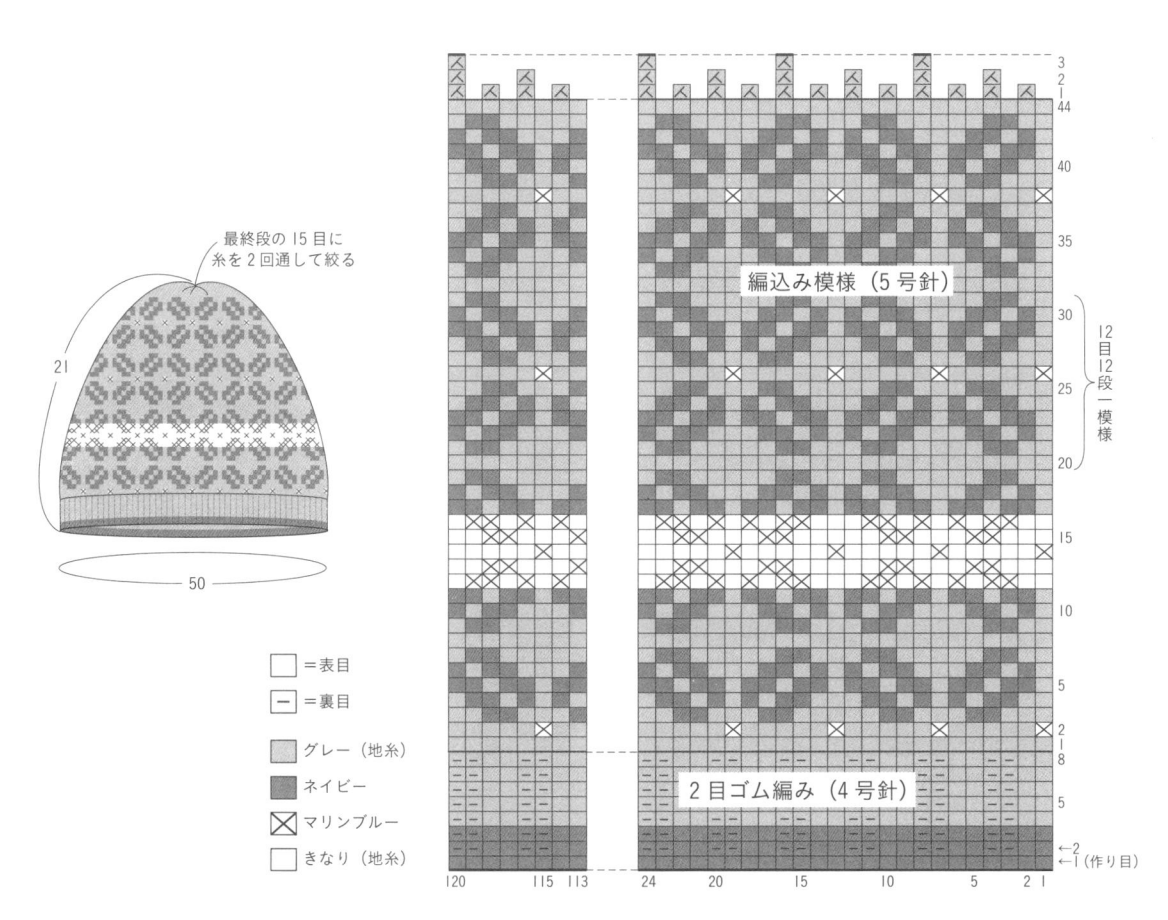

□ ＝表目
− ＝裏目

■ グレー（地糸）
■ ネイビー
☒ マリンブルー
□ きなり（地糸）

材料　[DARUMA]シェットランドウール　グレー（8）42g、
ネイビー（5）15g、きなり（1）5g、マリンブルー（11）5g
用具　4号、5号短5本棒針
ゲージ　編み込み模様 24目26段が10cm四方
寸法　手のひら回り20cm、丈25cm

編み方　糸は1本どり、指定の配色、針の号数で編みます。
・右手本体を編みます。
4号針、ネイビーの糸で指で針にかける作り目で48目作り目をし、輪にします。続けて2目ゴム編みで3段、4段めからグレーの糸で18段まで編みます。
5号針に替え、編込み模様を38段編みます。途中親指部分の穴は別糸を通し、休ませておきます。次の段で巻き目で8目作り目します（p.37を参照）。
指先は減らしながら10段編みます。最終段の8目に糸を2回通し、絞ります。
・親指を編みます。
本体の休み目と巻き目、角から1目ずつ、合計18目拾い目をして4号針、グレーの糸で輪に編みます（p.38を参照）。
続けてメリヤス編みで17段編みます。指先を減らしながら3段編みます。最終段の6目に糸を2回通し、絞ります。
・左手を編みます。
同様に左手を編みますが、親指の穴の位置が変わるので注意します。

親指

最終段の6目に糸を2回通して絞る

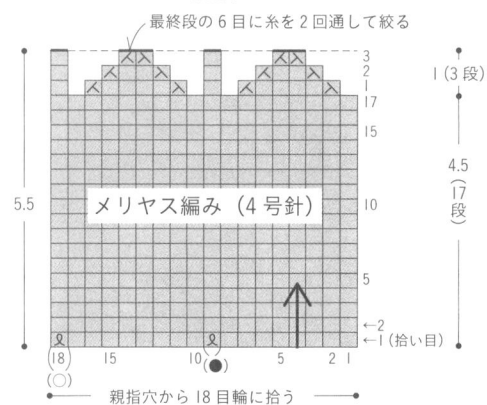

メリヤス編み（4号針）

親指穴から18目輪に拾う

5.5　　4.5（17段）

親指の目の拾い方

巻き目から8目拾う
休み目から8目拾う

本体

最終段の8目に糸を2回通して絞る

甲側　　手のひら側

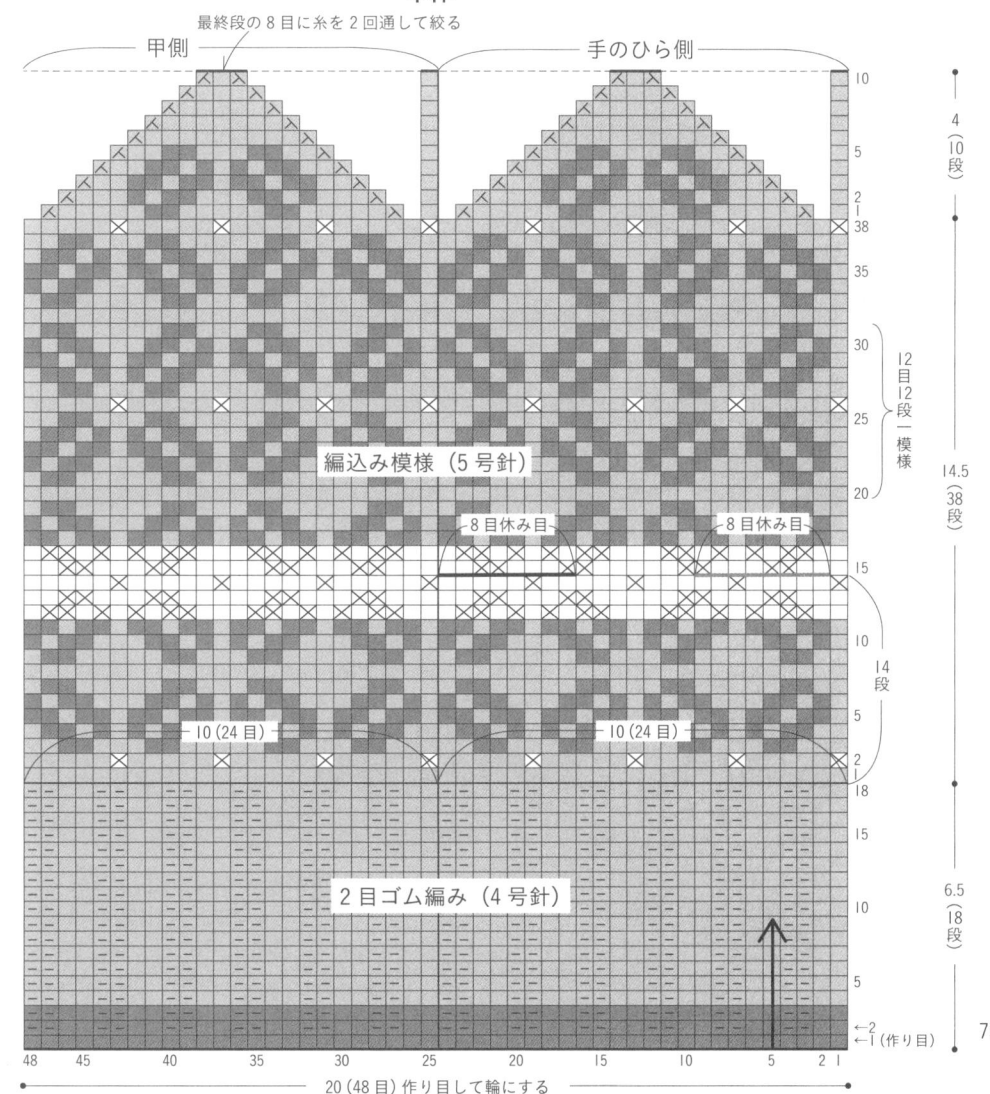

編込み模様（5号針）

8目休み目　　8目休み目

12目12段一模様

10(24目)　　10(24目)

親指穴のあけ方

15段めできなりの糸、マリンブルーの糸の順で交互に巻き目で作り目をする

2目ゴム編み（4号針）

□＝表目
－＝裏目

□＝グレー（地糸）
■＝ネイビー
⊠＝マリンブルー
□＝きなり（地糸）

━━＝左手の親指穴位置
━━＝右手の親指穴位置

20（48目）作り目して輪にする

材料　[パピー]ブリティッシュファイン 紺(17) 370g、白(01) 25g、淡ベージュ(21) 25g

用具　8号80cm輪針

ゲージ　メリヤス編み 17.5目21段が 10cm四方
　　　　模様編み 17.5目が 10cm、30段が 8.5cm

寸法　胸回り 126cm、着丈57cm

編み方　模様編み部分は紺2本どりと白と淡ベージュ1本ずつ引きそろえて2本どりで編みます。他は紺2本どりで編みます（輪針で往復に編みます）。

・袖を編みます。
袖口を編みます。指で針にかける作り目で11目作り目をします。ガーター編みで68段編み、伏止めをします。ガーター編みの段から51目拾い目をし、両端を1目ずつ増し目をします（1段めの記号図の解説はp.35参照）。袖下を増しながらメリヤス編みで56段編み、休み目にします。

・前後身頃（半身）を編みます。
袖の休み目から拾い目をし、両端の脇部分は別鎖の裏山を拾う作り目でそれぞれ54作り目をします。ガーター編みとメリヤス編みで48段編みます。途中、2か所で増し目をします。

・身頃中央を編みます。
前後身頃から続けて模様編みで30段編みます（模様編みの編み方はp.35を参照）。最後は別糸に通して休み目にします。
同様に袖、身頃、身頃中央をもう1枚編みます。

・仕上げます。
身頃中央の休み目を針に戻し、編み地を中表に合わせて引抜きはぎで衿あき止りまではぎます。衿ぐりは1枚ずつ伏止めをします。身頃脇の別鎖をほどき、目を針に戻します。ガーター編み部分は1枚ずつ伏止めをし、メリヤス編み部分は編み地を中表に合わせて引抜きはぎします。袖下のメリヤス編み部分をすくいとじします。脇と袖のスリット止りを2回かがります。

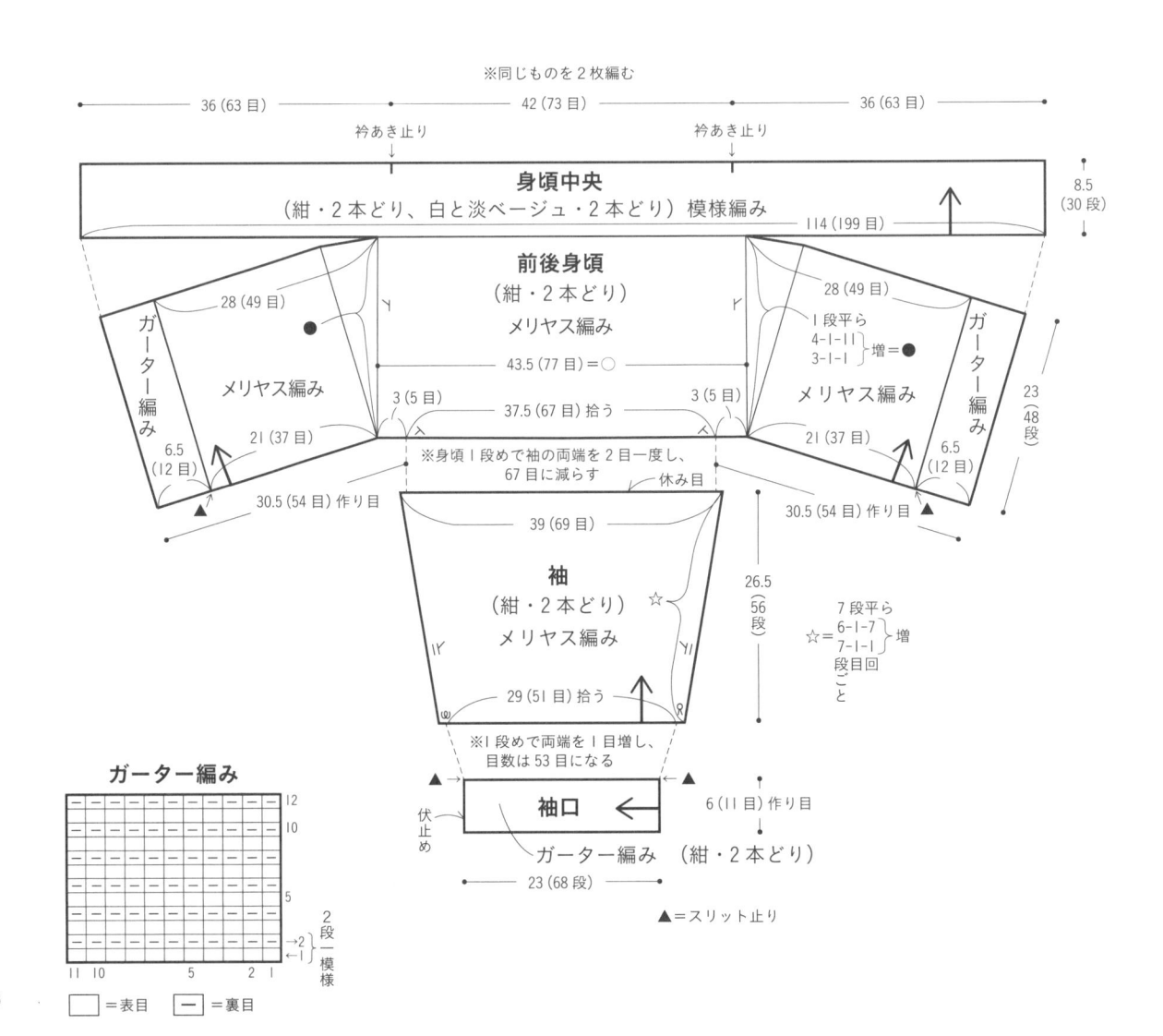

身頃の増し方

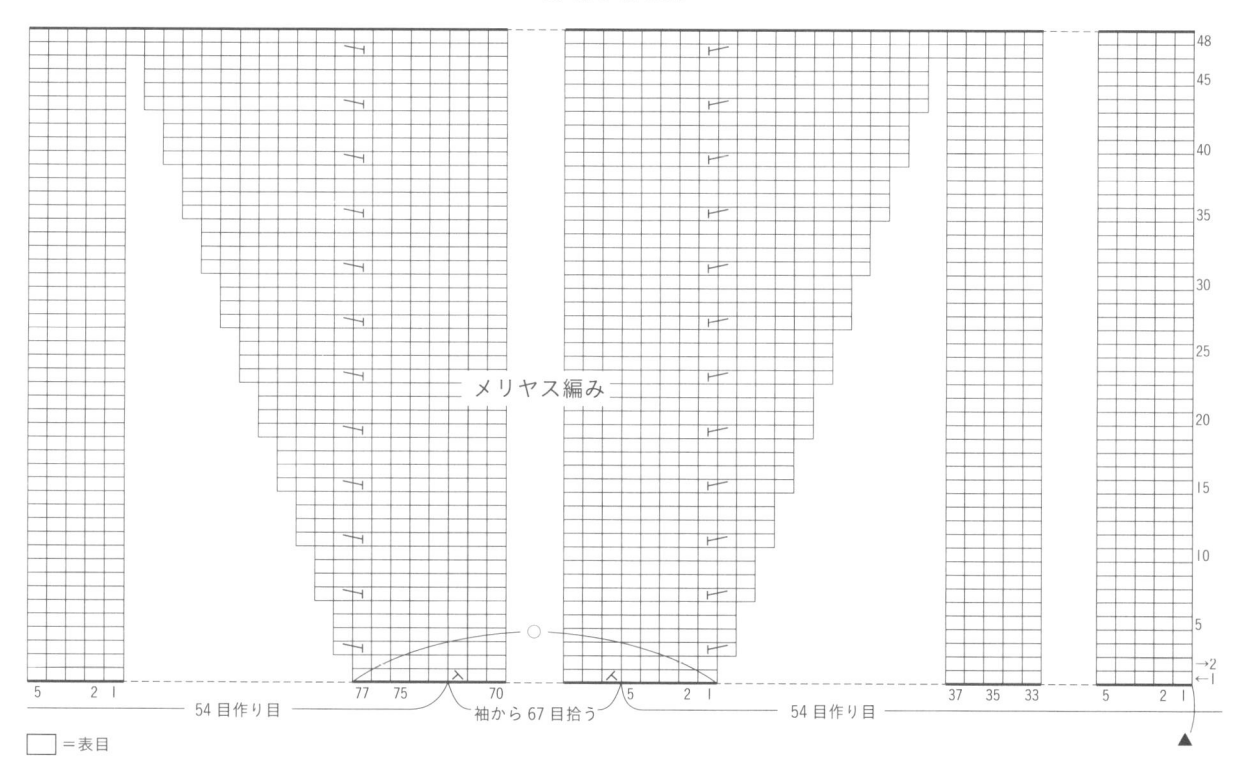

メリヤス編み

5　2　1

54 目作り目

77　75　70
袖から 67 目拾う

5　2　1

54 目作り目

37　35　33

5　2　1

→2
←1

48
45
40
35
30
25
20
15
10
5

□ =表目

身頃中央
模様編み
※2段ごとに地糸を変えて編む

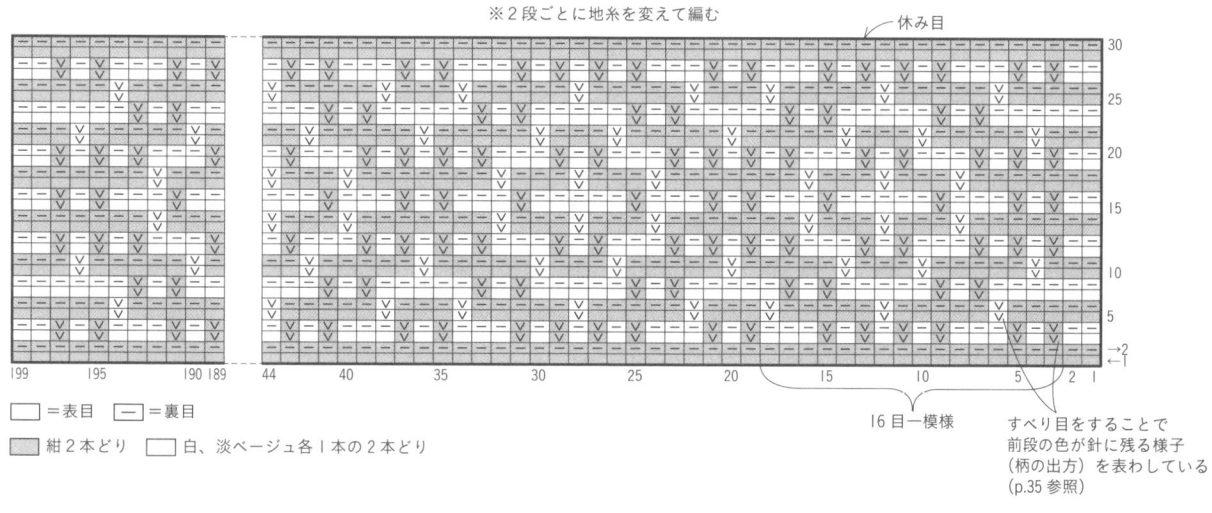

休み目

30
25
20
15
10
5

→2
←1

199　195　190 189

44　40　35　30　25　20　15　10　5　2　1

16 目一模様

すべり目をすることで
前段の色が針に残る様子
（柄の出方）を表わしている
（p.35 参照）

□ =表目　　— =裏目

▨ 紺 2 本どり　　□ 白、淡ベージュ各 1 本の 2 本どり

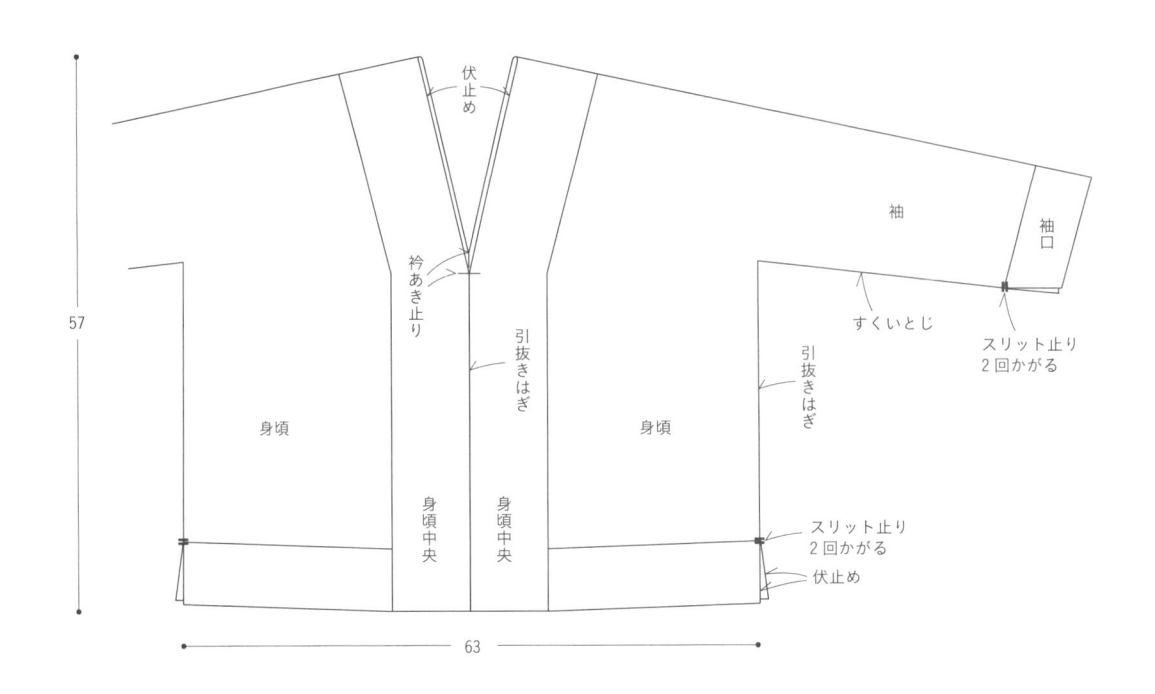

身頃中央 身頃中央

57

63

伏止め

衿あき止り

引抜きはぎ

身頃

身頃

袖

袖口

すくいとじ

スリット止り
2回かがる

引抜きはぎ

スリット止り
2回かがる

伏止め

---

p.26　ハナウタベスト

材料　[Jamieson's Spinning (Shetland)] スピンドリフト
茶系ミックス (246 / Wren) 136g、こげ茶 (248 / Havana) 76g
用具　4号80cm、60cm、40cm輪針、3号60cm、40cm輪針
ゲージ　編込み模様 28目31段が10cm四方
寸法　胸回り90cm、着丈57cm、背肩幅38cm

編み方　糸は1本どりで指定の配色、指定の針の号数で編みます。
・前後身頃を編みます。
別鎖の裏山を拾う作り目で252目作り目をし、輪にします (p.39を参照)。4号針で編込み模様を80段編みます。
袖ぐり、衿ぐり、スティークの編み方、肩やスティークのはぎ

方、スティークの切り方はp.39、40を参照し、編みます。
・仕上げます。
袖ぐり、衿ぐりから拾い目をし (p.40を参照)、輪にして3号針で2目ゴム編みを10段編み、2目ゴム編み止めで止めます。スティークの処理をします (p.40を参照)。身頃の作り目の別鎖をほどき、目を輪に拾います。2目ゴム編みで22段編みます。2目ゴム編み止めで止めます。

ポイント　作り目と裾の拾い目数が同じなので、裾 (2目ゴム編み) から編み始めてもかまいません。

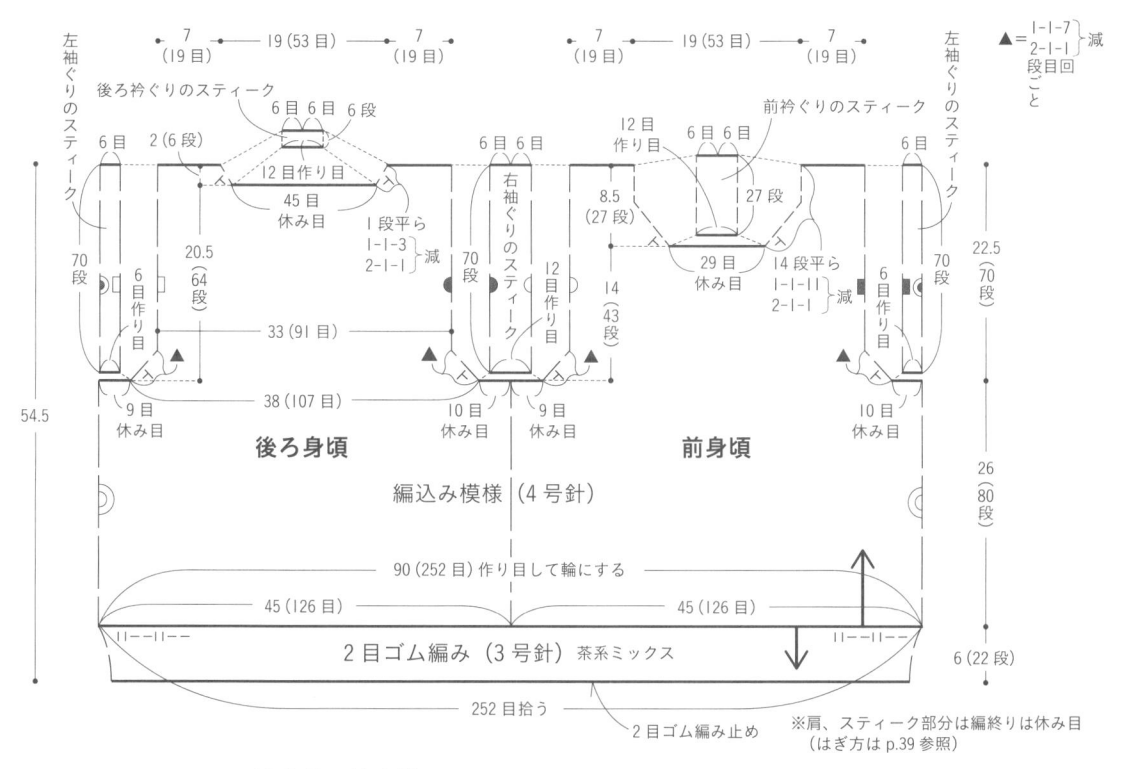

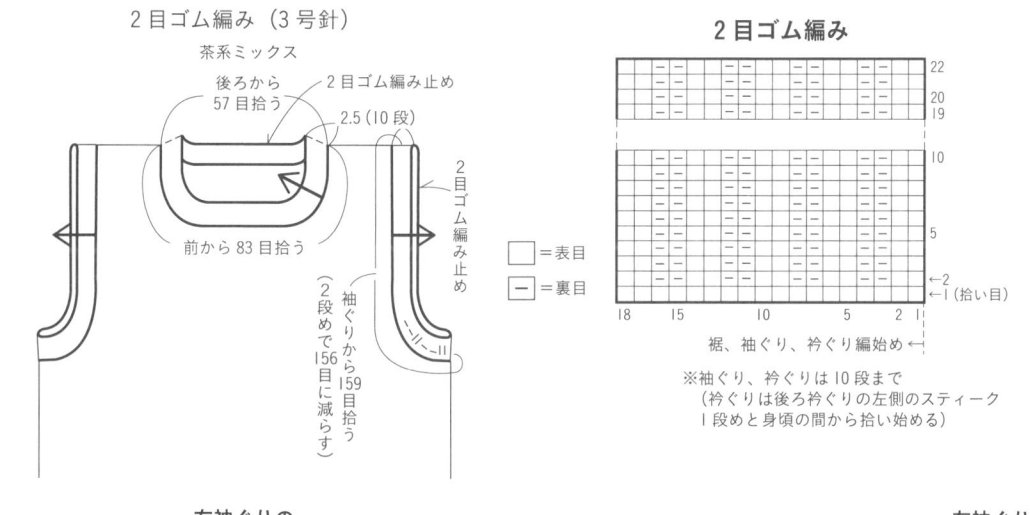

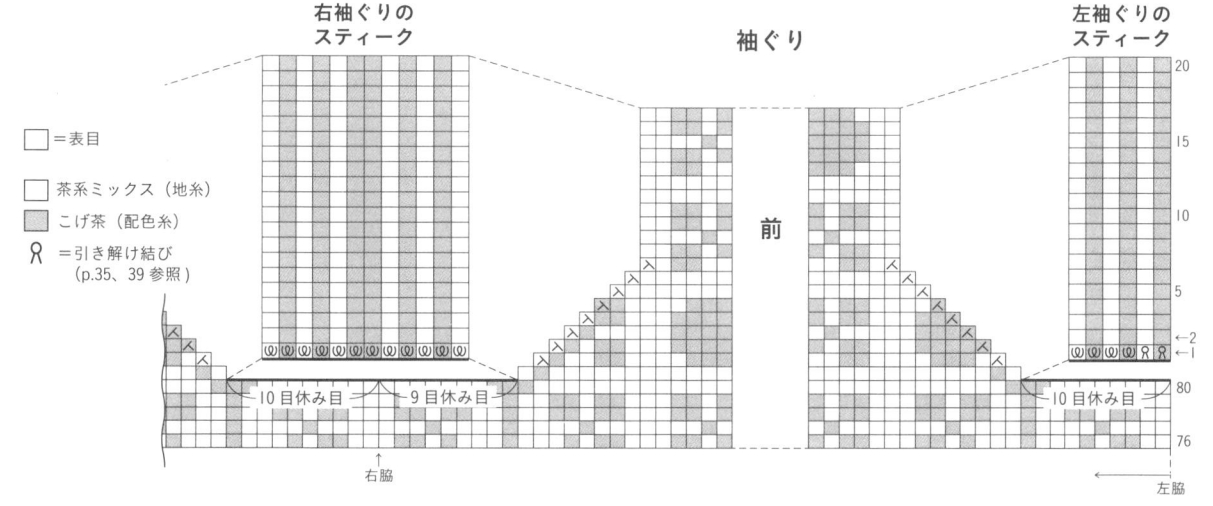

編込み模様

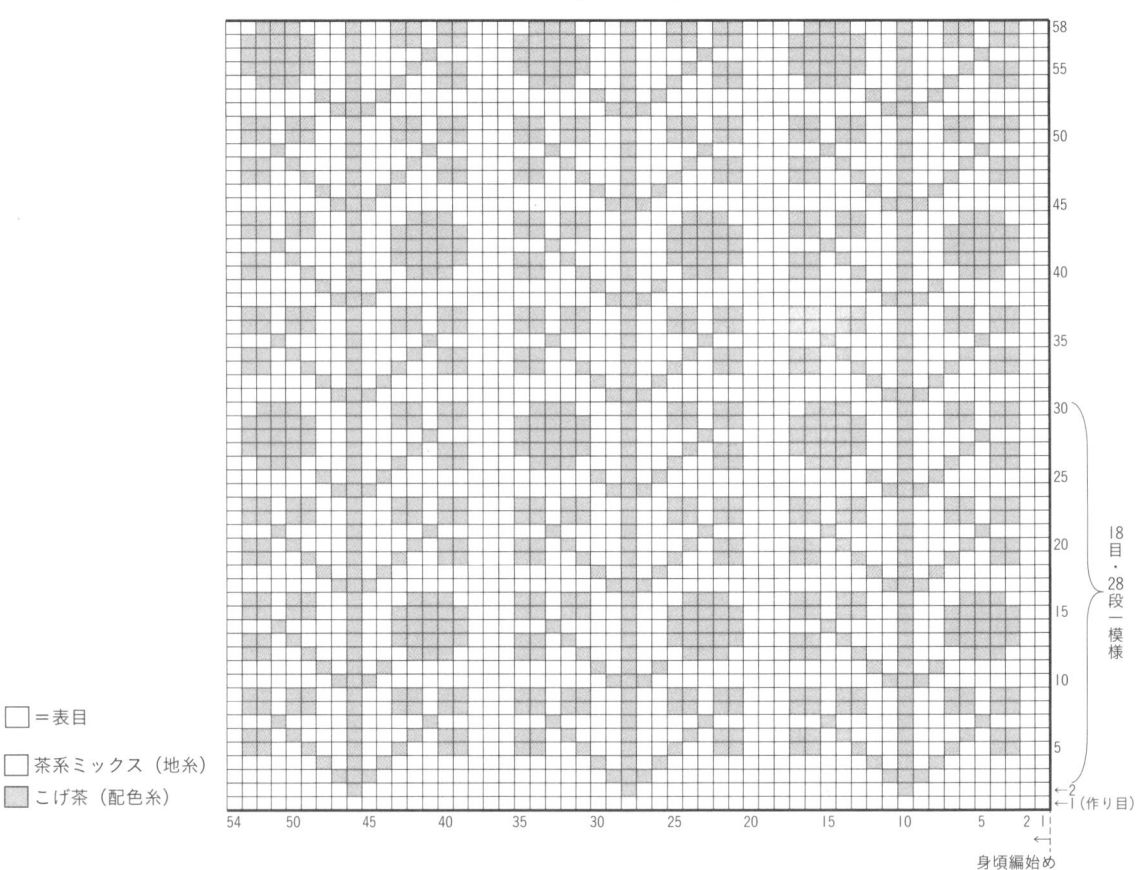

□=表目

□茶系ミックス（地糸）

■こげ茶（配色糸）

18目・28段一模様

←2
←1（作り目）

身頃編始め

後ろ衿ぐり

後ろ衿ぐりのスティーク

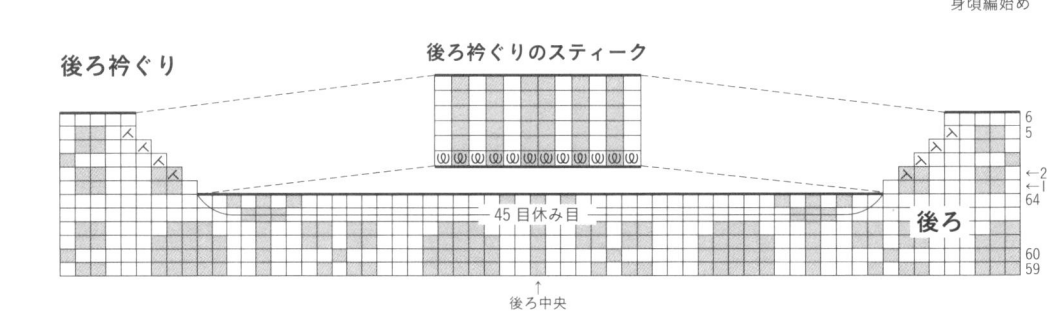

45目休み目

後ろ中央

後ろ

前衿ぐり

前衿ぐりのスティーク

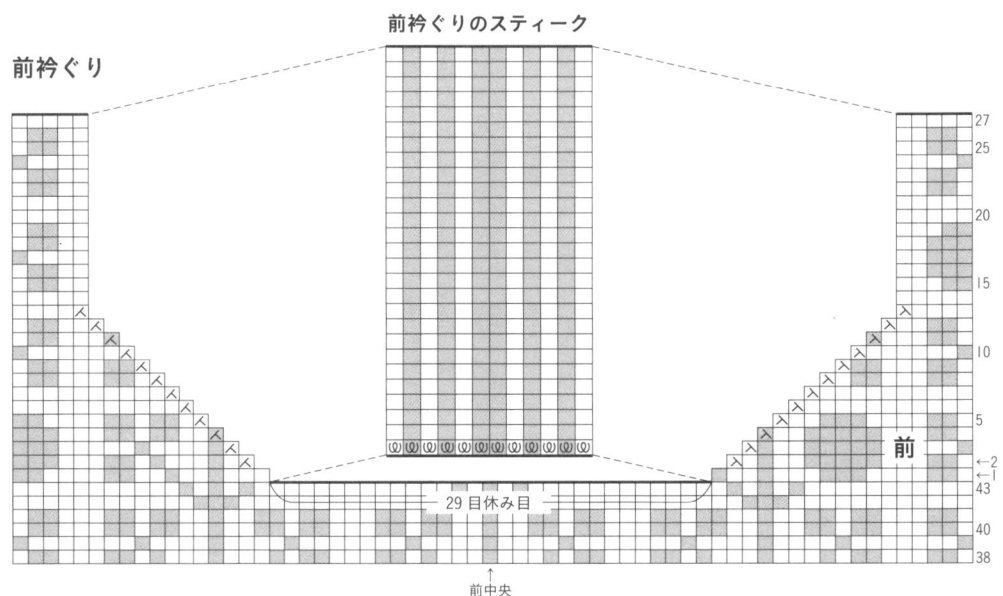

29目休み目

前中央

前

80

写真左から**A**、**B**、**C**

材料　[DARUMA]スーパーウォッシュ
メリノ **A**レッド（6）、**B**インディゴブル
ー（5）、**C**きなり（1）各33g、LOOP **A**
レッド（2）、**B**ダークネイビー（3）、**C**き
なり（1）各73g

用具　12号4本棒針

ゲージ　メリヤス編み（スーパーウォッ
シュメリノ2本どり）
15目が10cm、15段が8cm
裏メリヤス編み（LOOP）
13目16段が10cm四方
模様編み（LOOP1本どり、ス
ーパーウォッシュメリノ2本ど
り）13目17段が10cm四方

寸法　幅15cm、丈144.5cm

編み方　糸はスーパーウォッシュメリノ
（以降メリノ）は2本どり、LOOPは1本
どりで指定の配色で編みます。
指で針にかける作り目をメリノで20目
作り目をします。裏返して2段めを編み
ます（こちらの面が表になる）。
続けてメリヤス編みで15段編みます。
記号図とp.40を参照し、糸を替えなが
ら模様編みAを56段編みます。
LOOPで1段めはメリヤス編みで編み、
続けて裏メリヤス編みを99段編みます。
記号図を参照し、糸を替えながら模様編
みA'を56段編みます。
メリノでメリヤス編みを15段編み、編
終りは裏側から表編みしながら伏止めを
します。

ポイント　LOOPのようなファンシー
ヤーンの糸始末は、糸端のループの糸を
引いて糸自体を平らな状態にするとやり
やすいです。

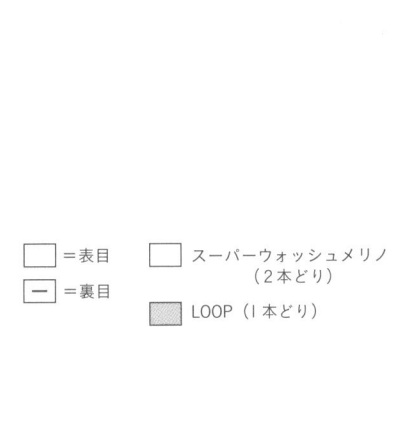

□＝表目　　□＝スーパーウォッシュメリノ
　　　　　　　（2本どり）
—＝裏目
　　　　　　▨＝LOOP（1本どり）

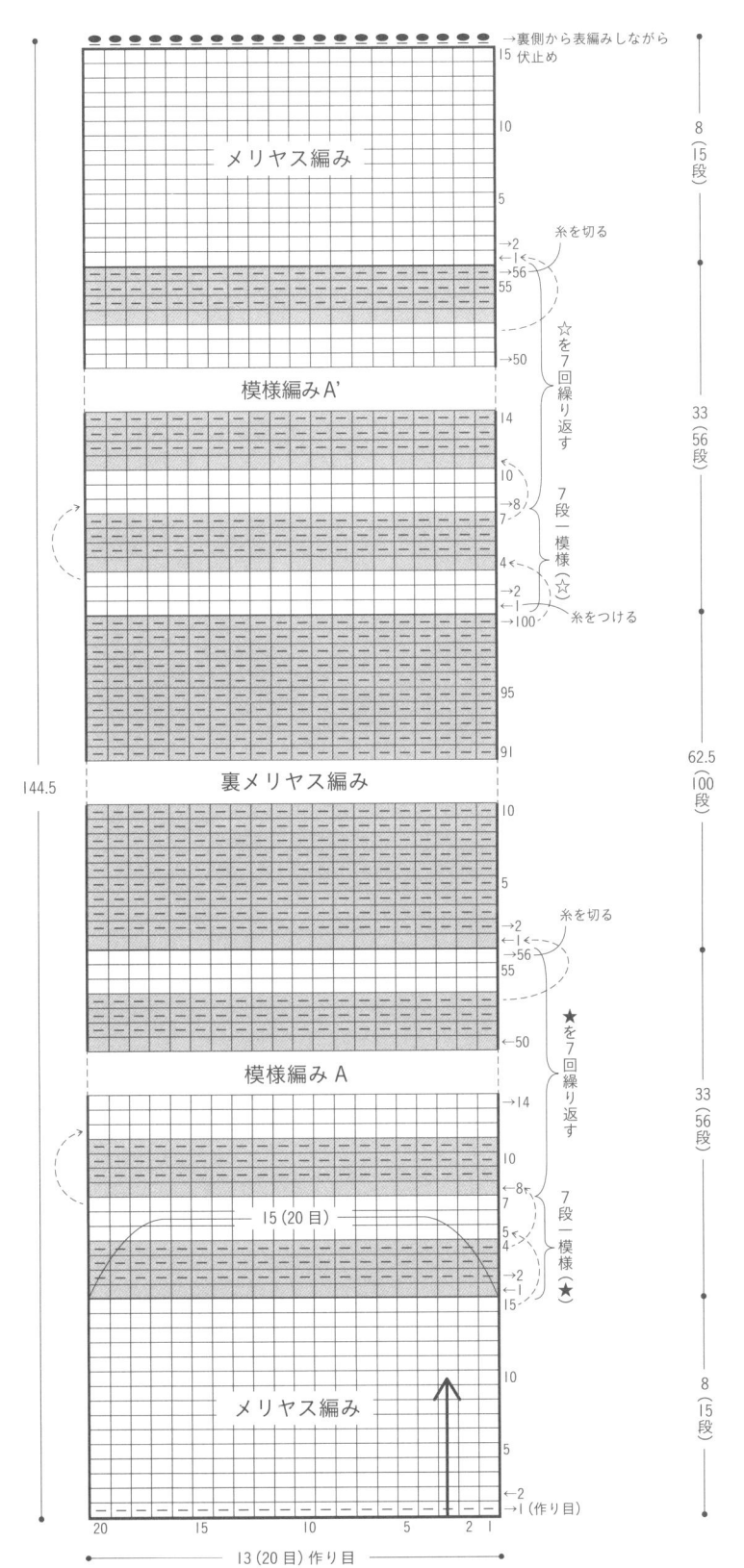

基本のテクニック

作り目

［指で針にかける作り目］

1

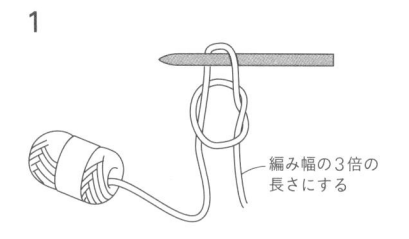

編み幅の3倍の長さにする

1目めを指で作って針に移し、糸を引く

2

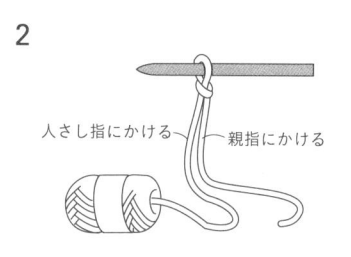

人さし指にかける　親指にかける

1目めの出来上り

3

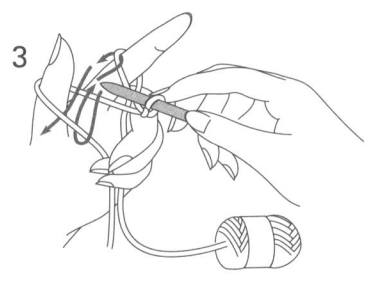

矢印のように針を入れて、かかった糸を引き出す

4

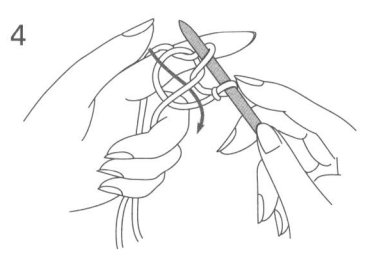

親指の糸をいったんはずし、矢印のように入れ直して目を引き締める

5

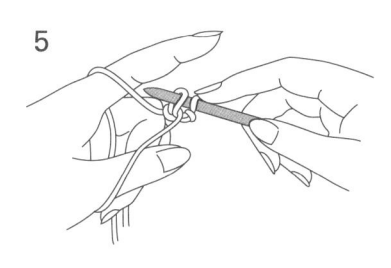

2目めの出来上り。3〜5を繰り返して必要目数を作る

6

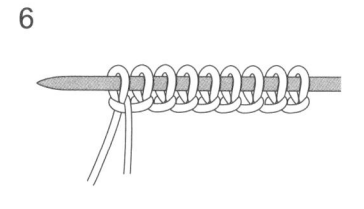

1段めの出来上り。この棒針を左手に持ち替えて2段めを編む

［別鎖の裏山を拾う作り目］

1

1目

編み糸に近い太さの木綿糸で鎖編み（p.73）をする

2

終りの目　　始めの1目

ゆるい目で必要目数の2、3目多く編む

3

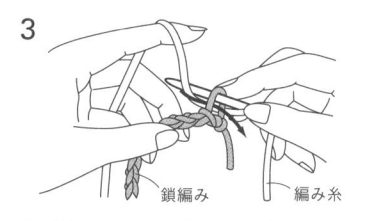

鎖編み　編み糸

鎖の編始めの裏山に針を入れ、編み糸で編む

4

必要数の目を拾っていく。これを1段と数える

編み目記号と編み方

▎表目

1
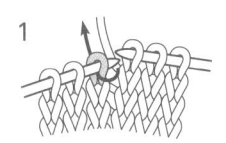
糸を向う側におき、手前から右針を左針の目に入れる

2
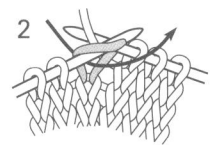
右針に糸をかけ、矢印のように引き出す

3
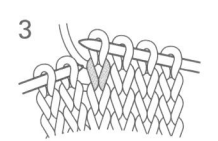
引き出しながら、左針から目をはずす

━ 裏目

1
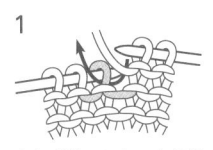
糸を手前におき、向う側から右針を左針の目に入れる

2
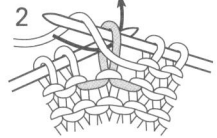
右針に糸をかけ、矢印のように引き抜く

3
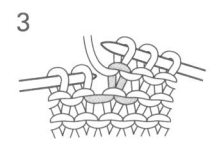
引き出しながら、左針から目をはずす

⟋ 左上2目一度

1
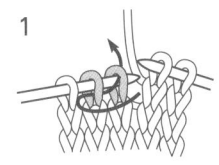
2目一緒に手前から針を入れる

2
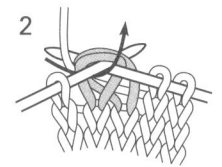
糸をかけて編む

3
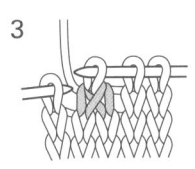
1目減し目

⟍ 右上2目一度

1
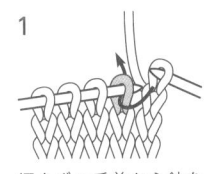
編まずに手前から針を入れて右針に移す

2
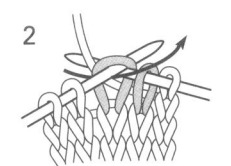
次の目を編む

3
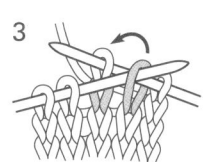
移した目を編んだ目にかぶせる

4
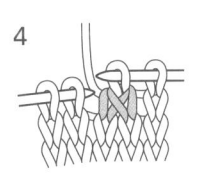
1目減し目

⟋ 左上2目一度（裏目）

1
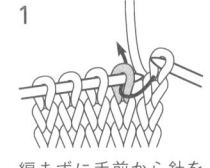
2目一緒に向う側から針を入れる

2
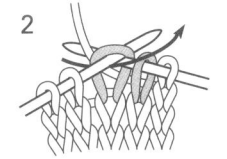
糸をかけて裏目を編む

3
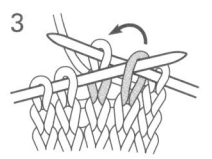
1目減し目

⟍ 右上2目一度（裏目）

1
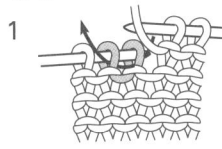
右針を2目一緒に向う側から入れる

2
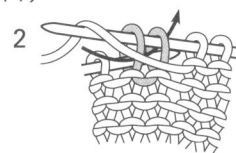
左針を矢印のように入れ、目を移す

3
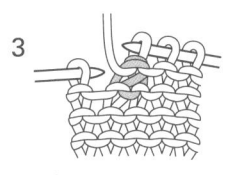
糸をかけて裏目を編む

4
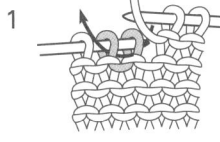
1目減し目

◯ かけ目

1
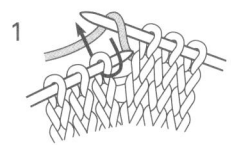
糸を手前にかけ、次の目を編む

2
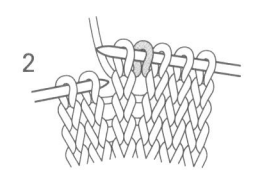

ℓ（ℓ）ねじり目（右上ねじり目）

1
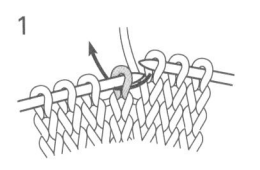
向う側から針を入れる

2
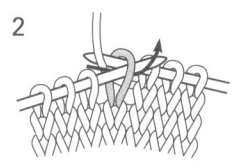
糸をかけて編む

3

4
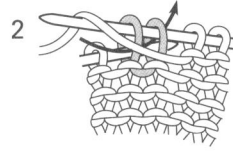

ℓ ねじり目（左上ねじり目）

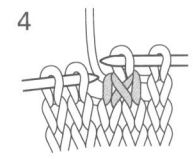
右針を手前から入れ、編まずに移して目の向きを変えて左針に戻し、表目と同様に編む

ℓ ねじり目（裏目）

向う側から針を入れ、裏目と同様に編む

人 中上3目一度

1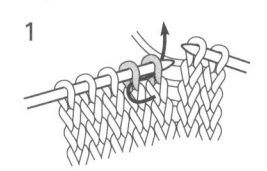
2目一緒に手前から右針を入れ、編まずにそのまま右針へ移す

2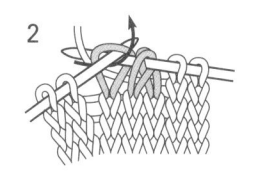
次の目を編む

3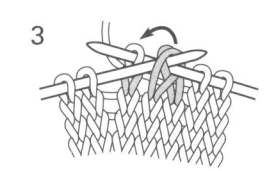
編んだ目に移した2目をかぶせる

4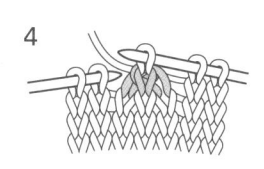
2目減し目

人 右上3目一度

1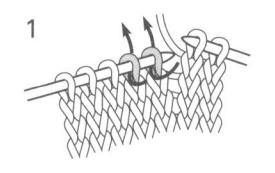
編まずに2目を右針へ移す

2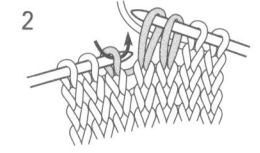
次の目を編む

3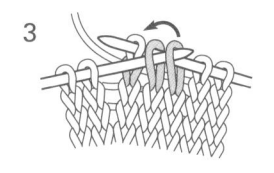
編んだ目に移した2目をかぶせる

4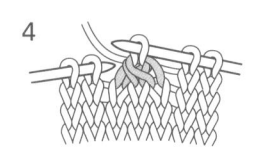
2目減し目

人 左上3目一度

1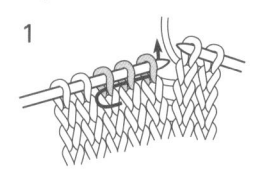
3目一緒に手前から右針を入れる

2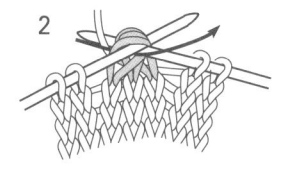
3目を一緒に編む

3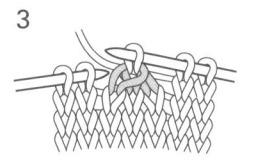
2目減し目

Y 左増し目 ※裏目の場合も同じ要領で編む

1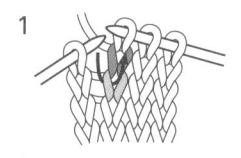
左針で2段下の目をすくう

2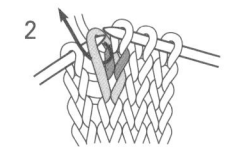
表目で編む

3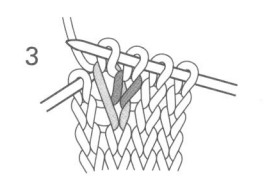
目の左側に1目増えた

Y 右増し目 ※裏目の場合も同じ要領で編む

1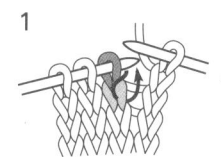
右針で1段下の目をすくう

2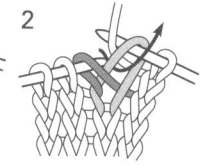
表目で編む

3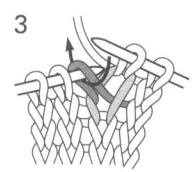
左針の目を表目で編む

4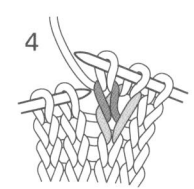
目の右側に1目増えた

V すべり目

1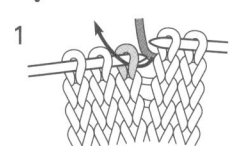
糸を向う側におき、編まずに1目右針に移す

2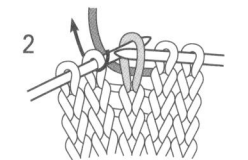
次の目を編む

3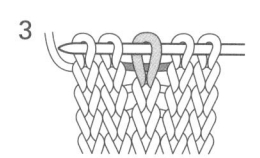

W 巻き目

1
針に糸を巻きつけて目を増す

2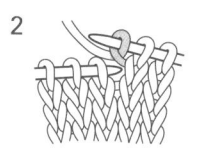

3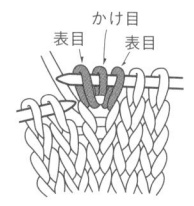

V 編出し増し目

かけ目
表目　表目

1目から、表目、かけ目、表目を編み出す

✕ 右上1目交差

1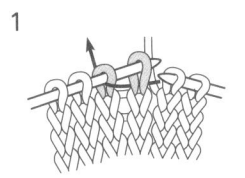

後ろを通って1目とばし、次の目に針を入れる

2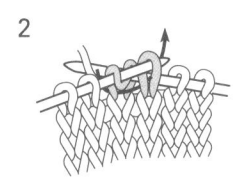

糸をかけて編む

3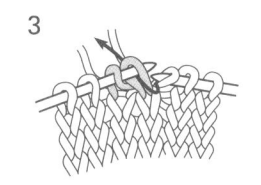

とばした目を編む

4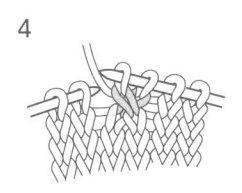

✕ 左上1目交差　※裏側から編む場合は2、3は裏目で編む

1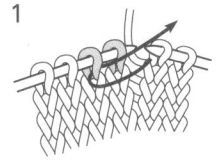

前を通って1目とばし、次の目に針を入れる

2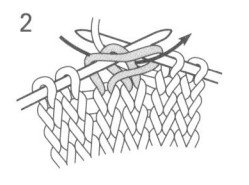

糸をかけて編む

3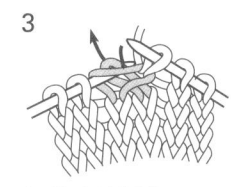

とばした目を編む

4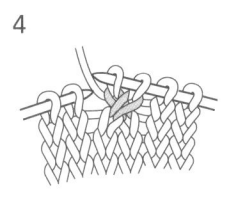

右上2目交差

1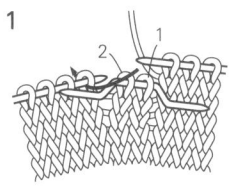

1、2の目を別針に移して手前におく

2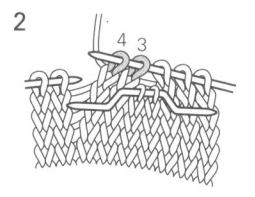

3、4の目を編む

3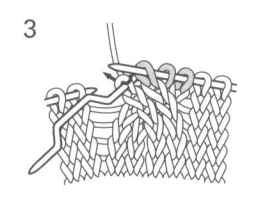

別針の1、2の目を編む

4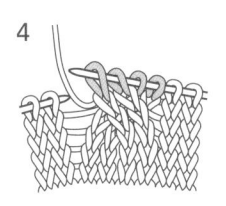

左上2目交差

1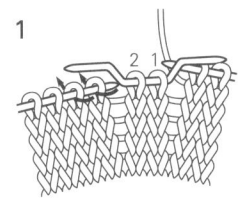

1、2の目を別針にとる

2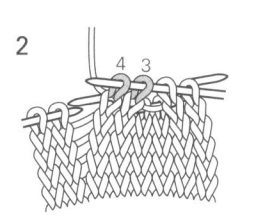

別針を向う側におき、3、4の目を編む

3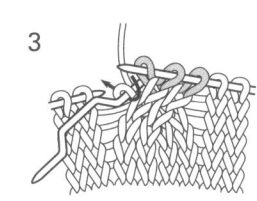

別針の1、2の目を編む

4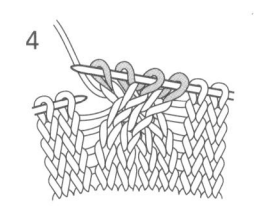

［渡り糸をねじって増し目をする方法］

1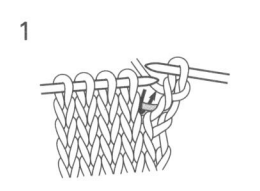

渡り糸を左針で矢印のようにすくってねじり目で編む

2

目と目の間に1目増えた

［編込み模様の糸の替え方］

1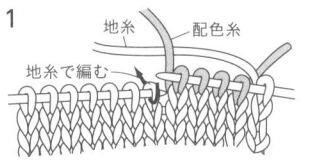

配色糸を上にして、地糸で編む

2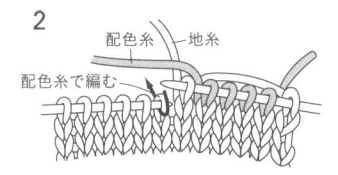

配色糸を地糸の上にして替える

止め

[伏止め]

● 表目

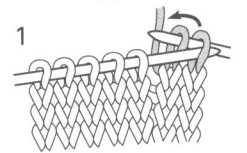
1
2目表編みし、右の目を
左の目にかぶせる

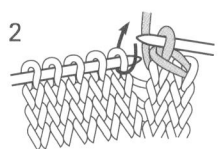
2
次の目を表編みし、右の
目を左の目にかぶせる

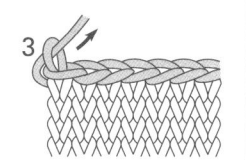
3
最後の目に糸端を通して
目を引き締める

● 裏目

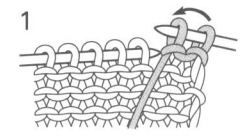
1
2目裏編みし、右の目を
左の目にかぶせる

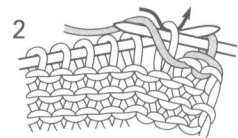
2
次の目を裏編みし、右の
目を左の目にかぶせる。
最後は表目の3の工程と
同様に糸端を目に通して
引き締める

[1目ゴム編み止め（輪編み）]

1
1の目をとばして2の目の手前
から針を入れて抜き、1の目に
戻って手前から針を入れ、3の
目に出す

2
2の目に戻って向う側より針を
入れて4の目の向う側へ出す。
これ以降は表目どうし、裏目どう
しに針を入れていく

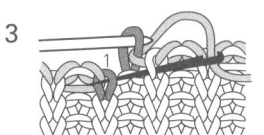
3
編終り側の表目に手前から針を
入れて1の目に針を出す

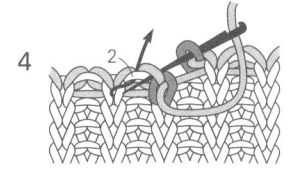
4
編終りの裏目に向う側から針を
入れ、図ようにゴム編み止めし
た糸をくぐり、さらに矢印のよ
うに2の裏目に抜く

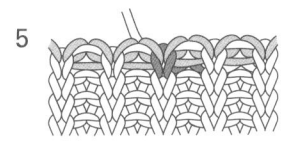
5
止め終わった状態

[2目ゴム編み止め（輪編み）]

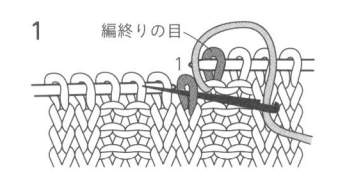
1
編終りの目
1の目に向う側から針を入れる

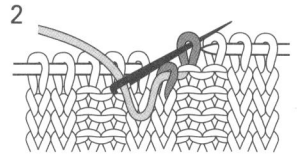
2
編終りの目に手前から針を入れる

3
1、2の目に図のように針を入れて出す

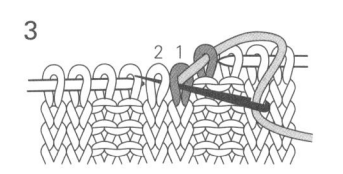
4
編終りの裏目に向う側から針を入れ、
1、2の2目をとばして3の目の手前か
ら針を入れる

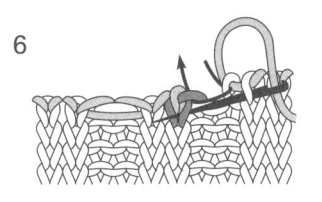
5
2の目に戻って、3、4の2目をとばし
て5の目に針を出す。次に3、4に針を
入れる。3〜5を繰り返す

6
編終り側の表目と編始めの表目に針を
入れ、最後は裏目2目に矢印のように
針を入れて引き抜く

[1目ゴム編み止め（往復編み）]

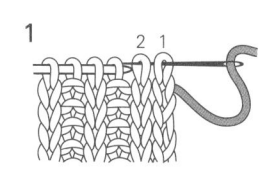
1
1の目は手前から、2の目は
向う側から針を入れる

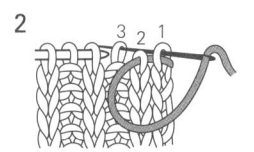
2
2の目をとばして、1と3の
目に手前から入れる

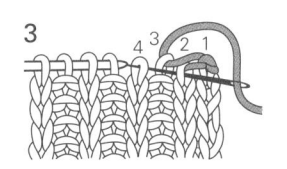
3
3の目をとばして、2と4の
目（表目）に針を入れる

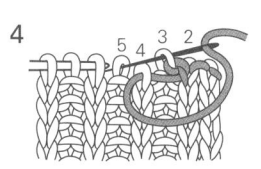
4
4の目をとばして、3と5の
目（裏目）に針を入れる。3、
4を繰り返す

はぎ、とじ

[メリヤスはぎ]

1	2	3	4
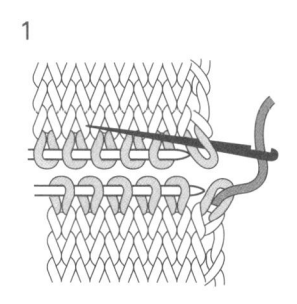	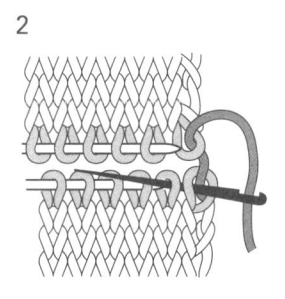	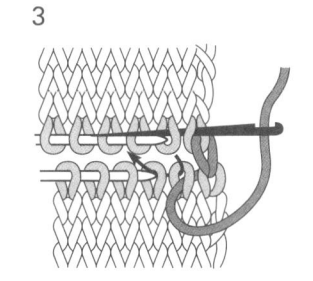	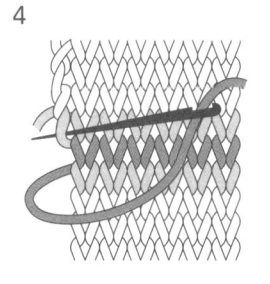

下の端の目から糸を出し、上の端の目に針を入れる

下の端の目に戻り、図のように針を入れる

図のように上の端の目と次の目に針を入れ、さらに矢印のように続ける

2、3を繰り返し、最後の目に針を入れて抜く

[引抜きはぎ]

1	2	3
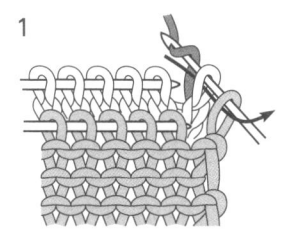	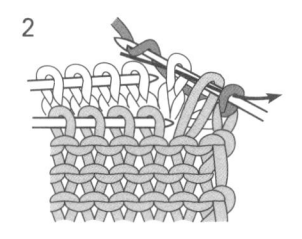	きつくならないように 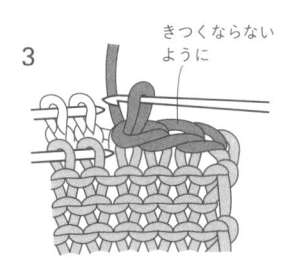

2枚の編み地を中表にして、端の目2目を引き抜く

引き抜いた目と次の目の2目を引き抜く

2を繰り返す

[段と目のはぎ]

1	2	3
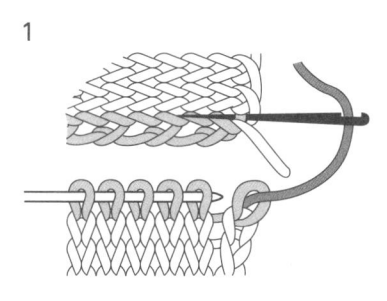	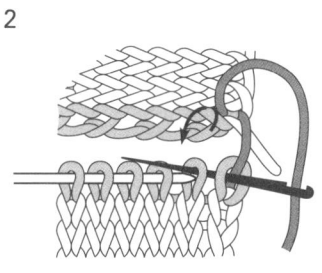	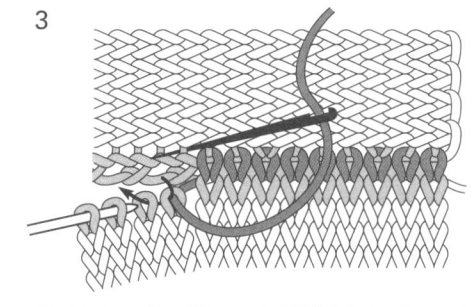

上の段の端の目と2目めの間に針を入れ、糸をすくう

下の段はメリヤスはぎの要領で針を入れていく

編み地はふつう、段数のほうが目数より多いため、その差を平均に振り分け、1目に対して2段すくっていく

[引抜きとじ]

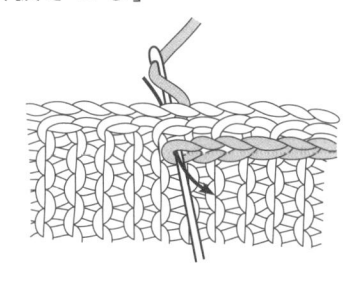

編み地を中表に合わせ、目の間に針を入れる。糸を針にかけて引き抜く

[すくいとじ]

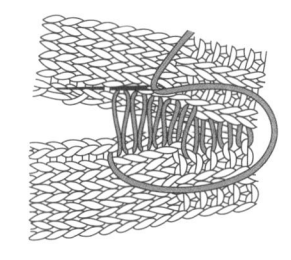

1目めと2目めの間の渡り糸を1段ずつ交互にすくう

◎素材提供、協力

ダイドーフォワード パピー
東京都千代田区外神田3-1-16　ダイドーリミテッドビル3F
tel 03-3257-7135
http://www.puppyarn.com

アヴリル
京都市左京区一乗寺高槻町20-1　tel 075-724-3550
https://www.avril-kyoto.com/

横田・DARUMA
大阪市中央区南久宝町2-5-14　tel 06-6251-2183
http://www.daruma-ito.co.jp/

ユーロ・ジャパン・トレーディング・カンパニー
(Jamieson's Spinning (Shetland)・スピンドリフト取扱い)
http://www.eurojapantrading.com/

きぬがさマテリアルズ
(オステルヨートランド羊毛紡績・ヴィシュ取扱い)
兵庫県加古郡播磨町二子130
http://www.kinumate.sakura.ne.jp

ハマナカ
京都市右京区花園薮ノ下町2-3　tel 075-463-5151 (代)
http://www.hamanaka.co.jp

◎衣装協力

KMDFARM　tel 03-5458-1791
p.5 ハイネックカットソー(ネセセア)、p.6 チェックパンツ
(ネセセア)

スズキタカユキ　tel 03-5846-9114
p.5 ワイドパンツ

グラストンベリーショールーム　tel 03-6231-0213
p.9 モックネックカットソー(オルウェル)、
オールインワン(オネット)、p.12 コート(オネット)、
p.20 コーデュロイコート(ヤーモ)、
p.29 ワンピース(オルウェル)

ドゥーブルメゾン(やまと)　tel 0120-18-8880
p.12、p.15 スカート

タマス　http://tamas-uca.com
p.15、p.26 イアリング

ラ ヴィ ア ラ カンパーニュ　tel 03-6412-7350
p.26 ワンピース(THE FACTOR)

◎参考図書

『文化ファッション大系　改訂版・服飾関連専門講座③
アパレル素材論』(文化服装学院編　文化出版局刊)
『ファッション辞典』(文化出版局刊)

ブックデザイン	葉田いづみ
撮影	新居明子
プロセス、作り方撮影	安田如水(文化出版局)
スタイリング	轟木節子
ヘア＆メイク	扇本尚幸
モデル	中島セナ
製作、プロセス撮影協力	諸星由喜子
作り方解説、トレース	田中利佳
DTPオペレーション	文化フォトタイプ
校閲	向井雅子
編集	小山内真紀
	大沢洋子(文化出版局)

この糸で編みたい、
素材感を楽しむニット

糸とあみもの

2019年10月28日　第1刷発行

著　者　那須早苗
発行者　濱田勝宏
発行所　学校法人文化学園 文化出版局
　　　　〒151-8524
　　　　東京都渋谷区代々木3-22-1
　　　　電話 03-3299-2489 (編集)
　　　　　　　03-3299-2540 (営業)
印刷・製本所　株式会社文化カラー印刷

©Sanae Nasu 2019　Printed in Japan

本書の写真、カット及び内容の無断転載を禁じます。
・本書のコピー、スキャン、デジタル化等の無断複製は
著作権法上での例外を除き、禁じられています。
本書を代行業者等の第三者に依頼してスキャンやデジタ
ル化することは、たとえ個人や家庭内での利用でも著作
権法違反になります。
・本書で紹介した作品の全部または一部を商品化、複製
頒布、及びコンクールなどの応募作品として出品するこ
とは禁じられています。
・撮影状況や印刷により、作品の色は実物と多少異なる
場合があります。ご了承ください。

文化出版局のホームページ　http://books.bunka.ac.jp/